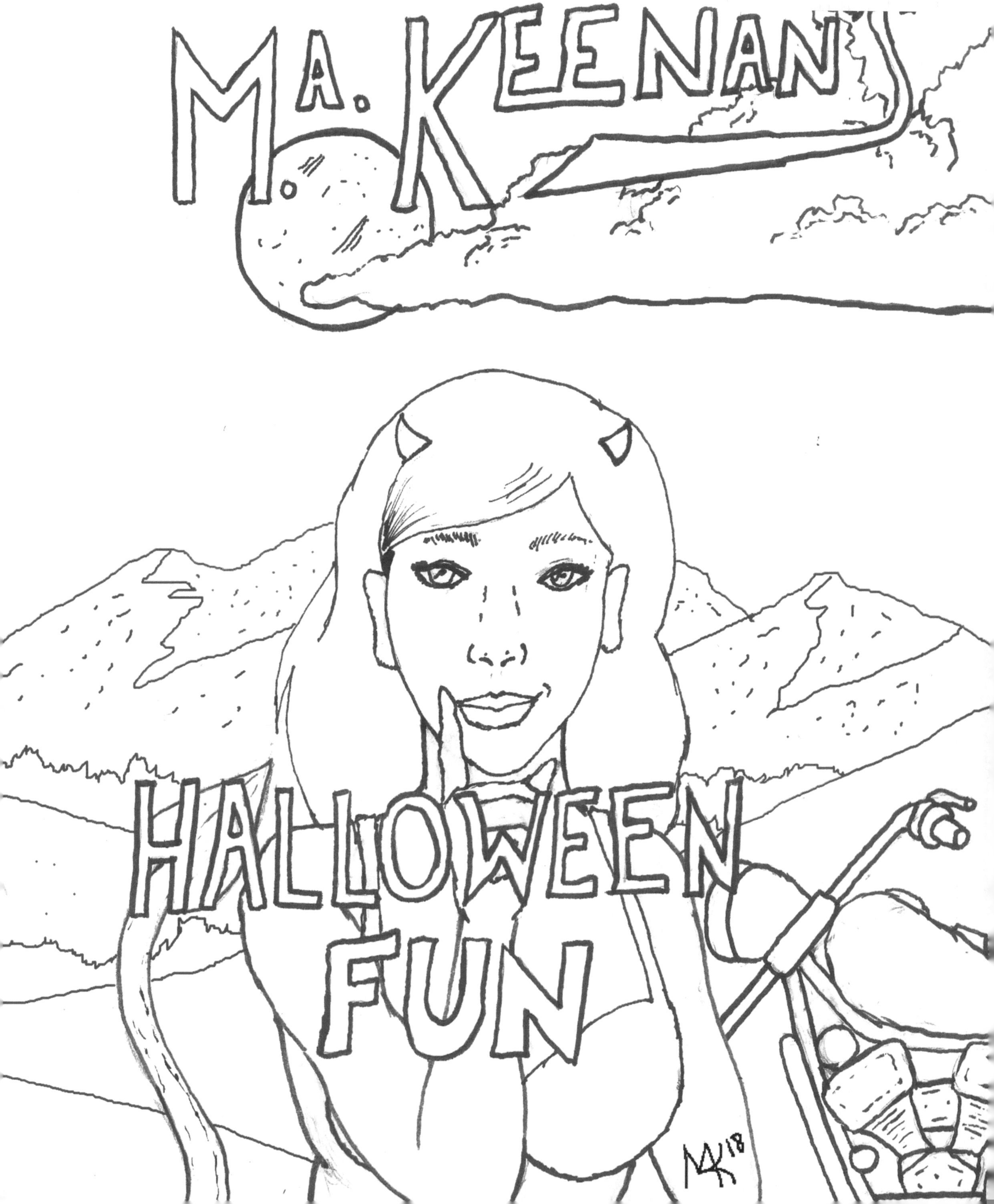

M.A. KEENAN'S

HALLOWEEN FUN

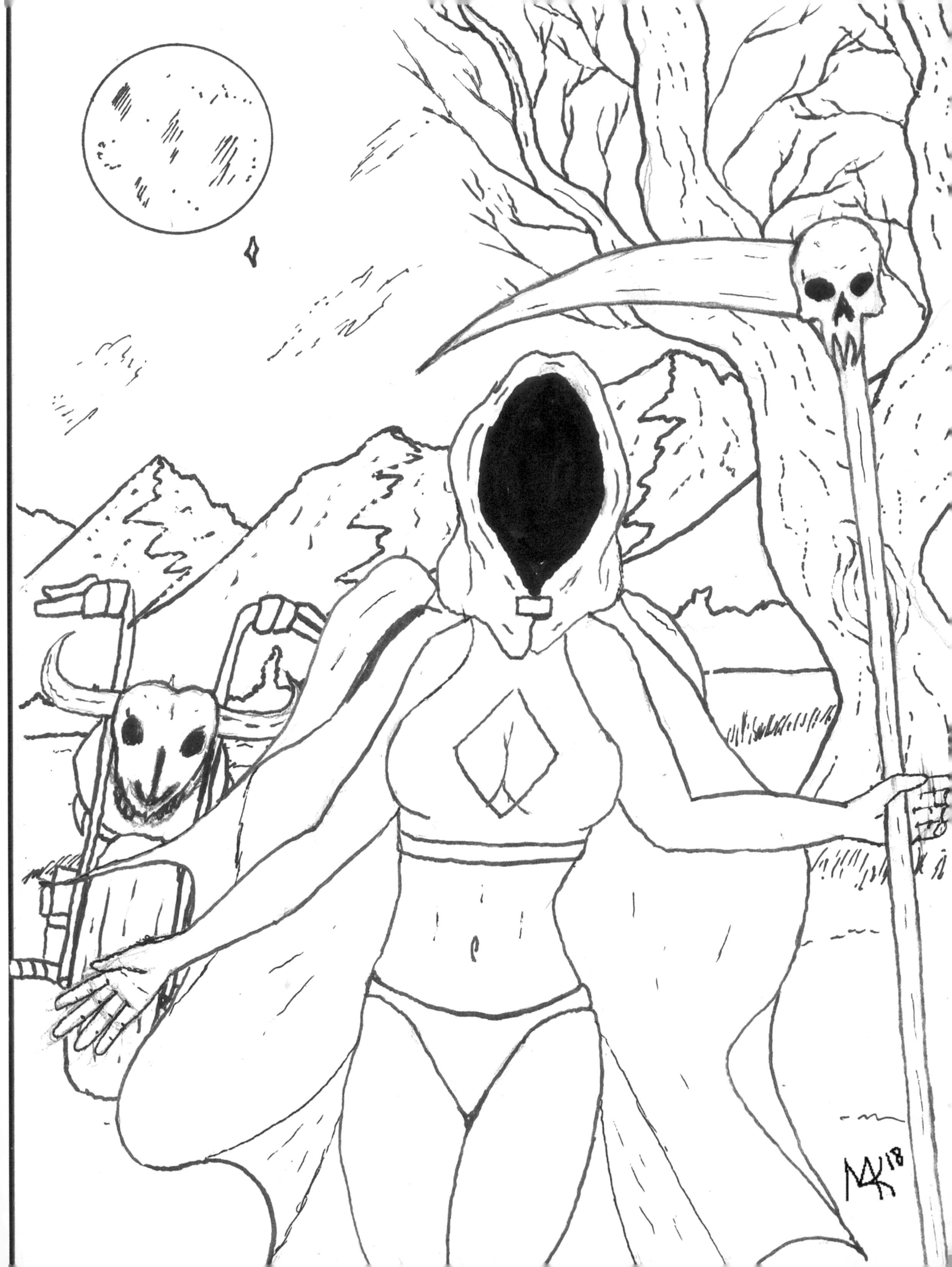

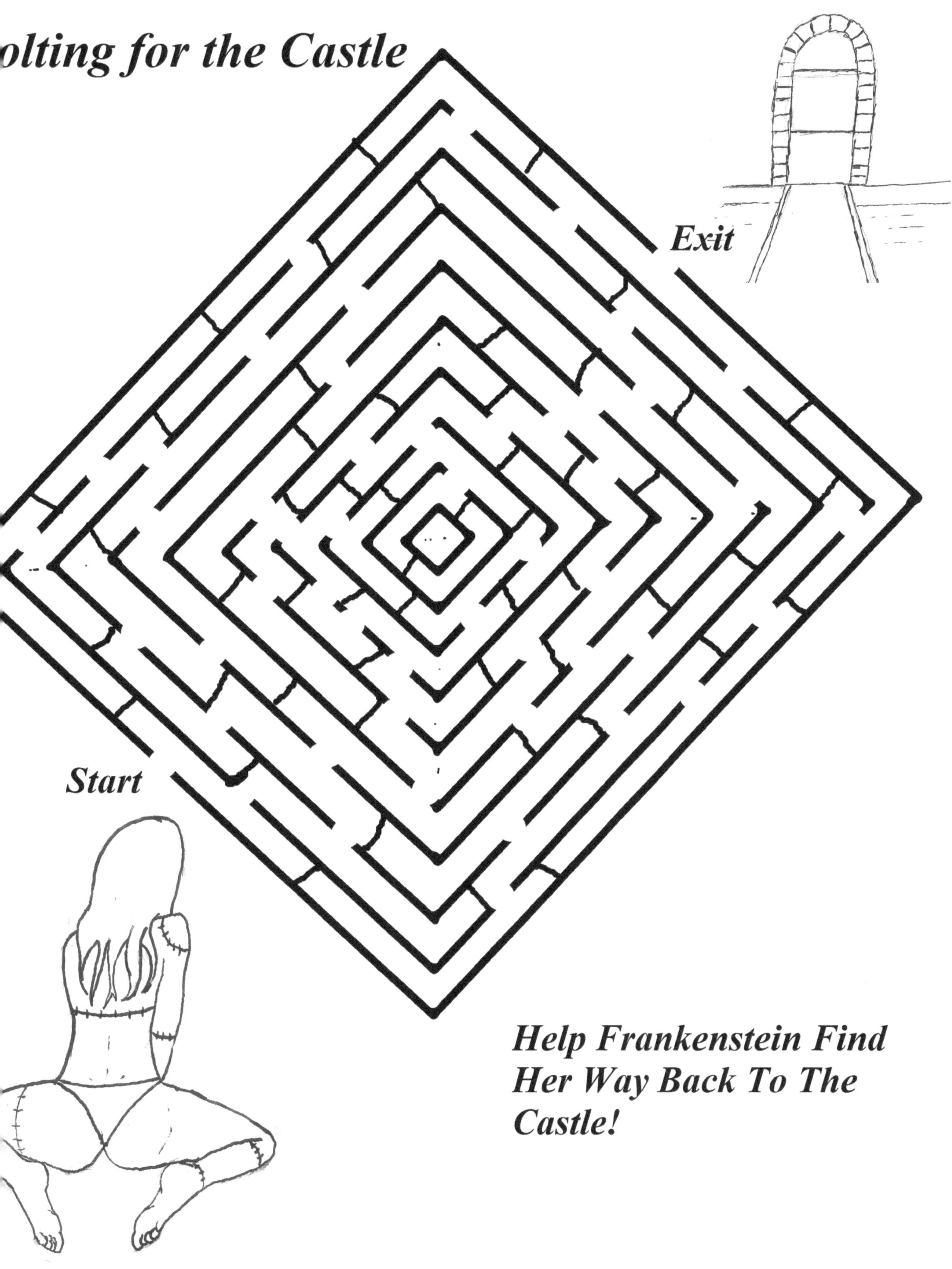
olting for the Castle
Exit
Start
Help Frankenstein Find Her Way Back To The Castle!

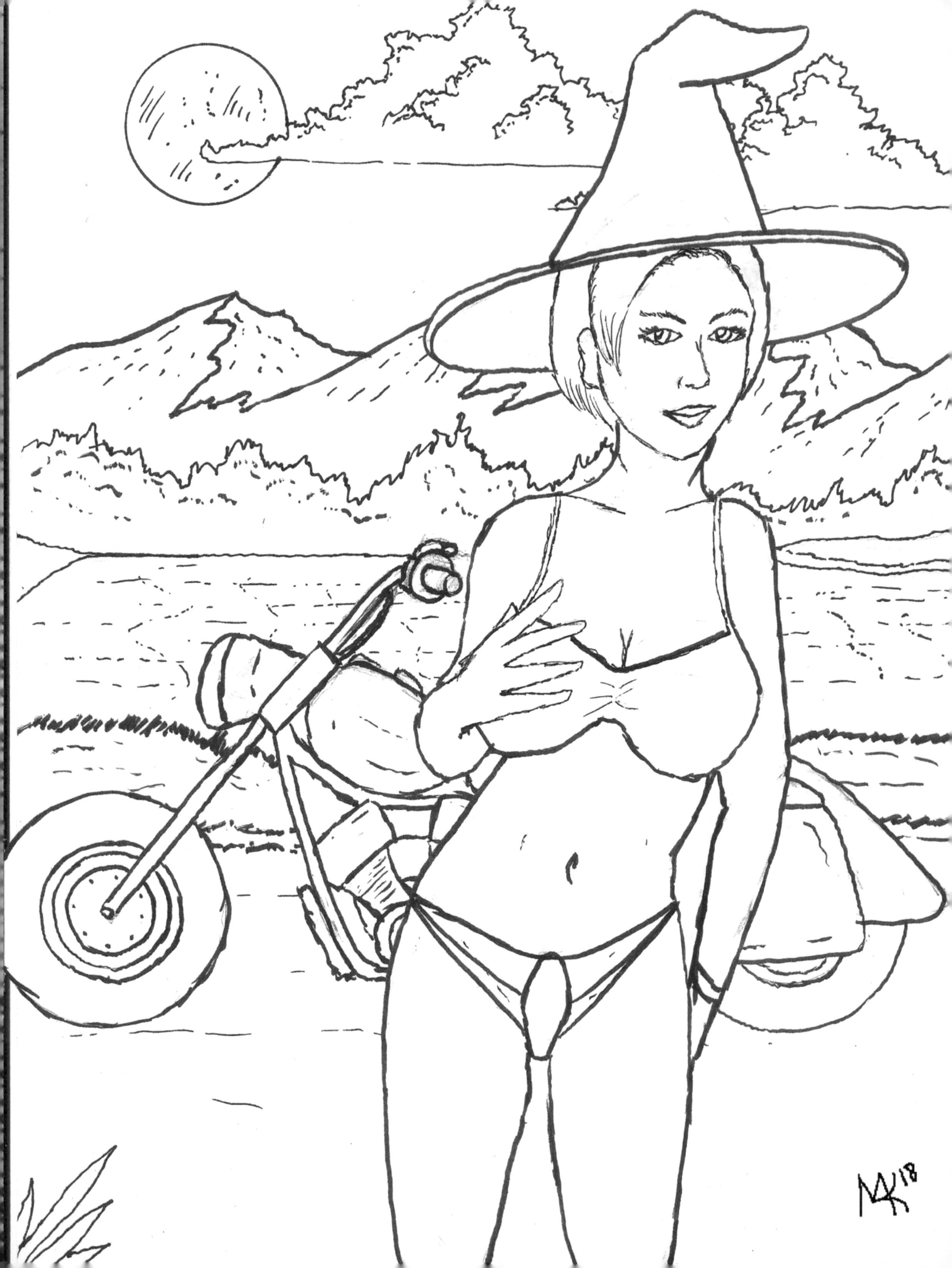

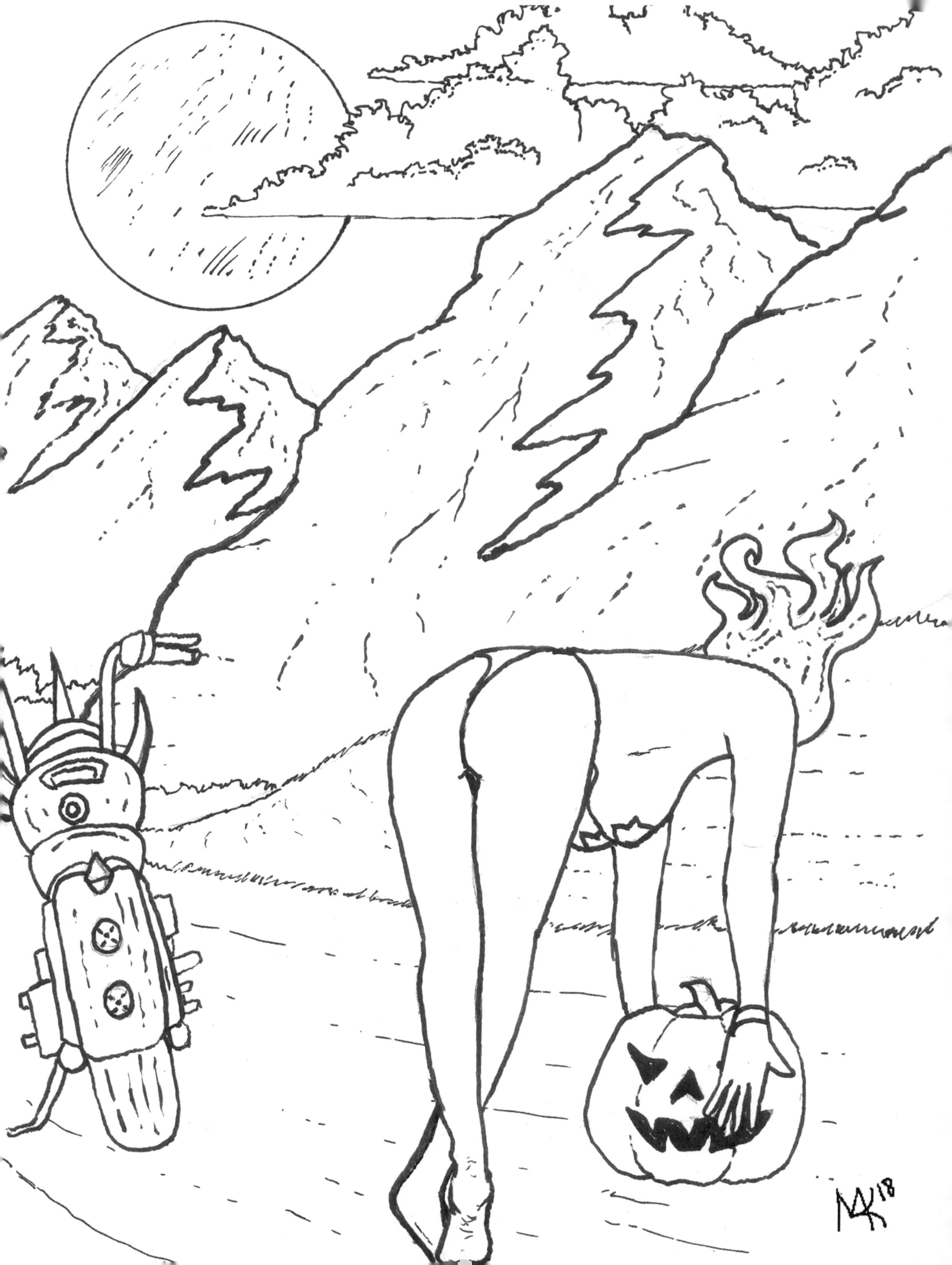

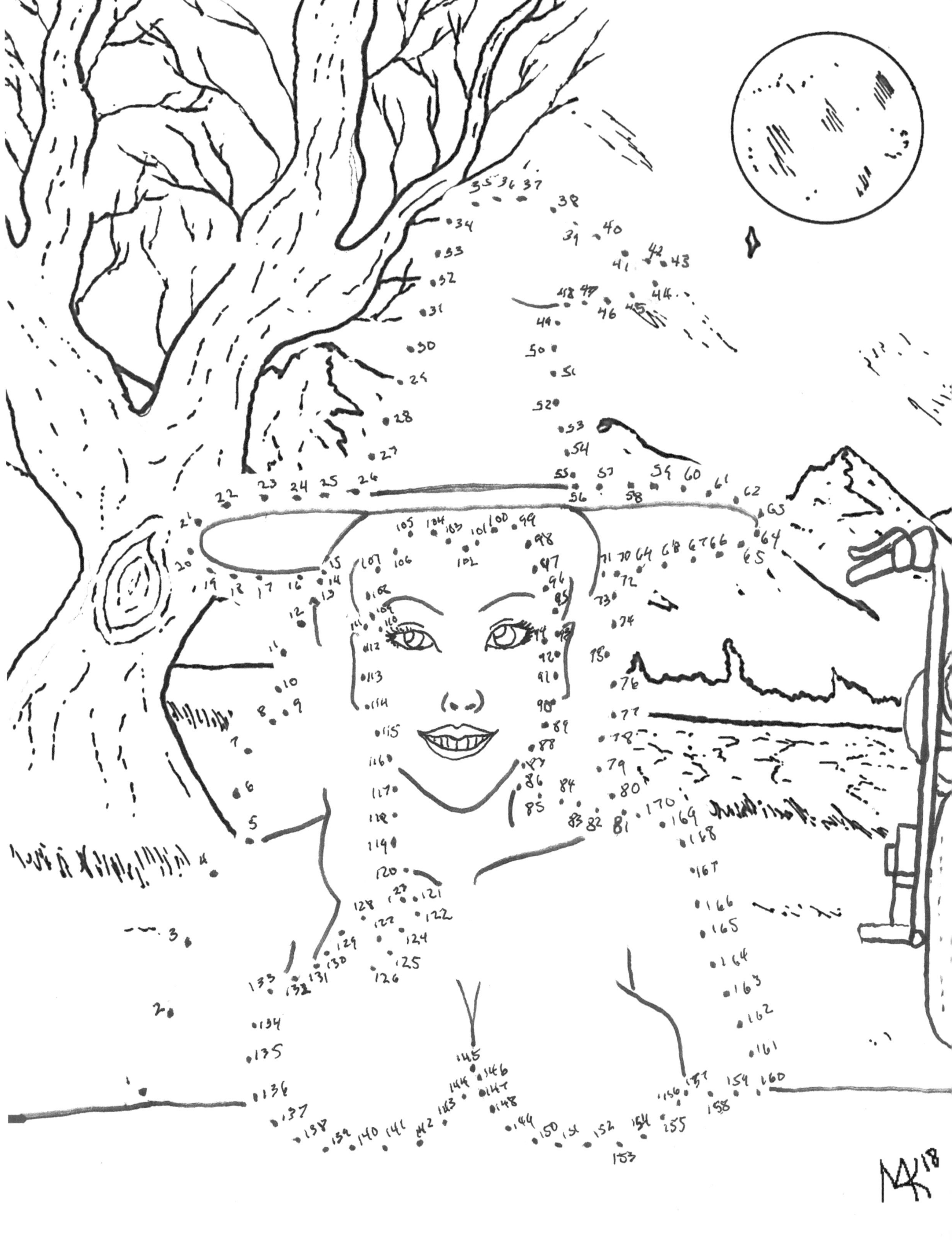

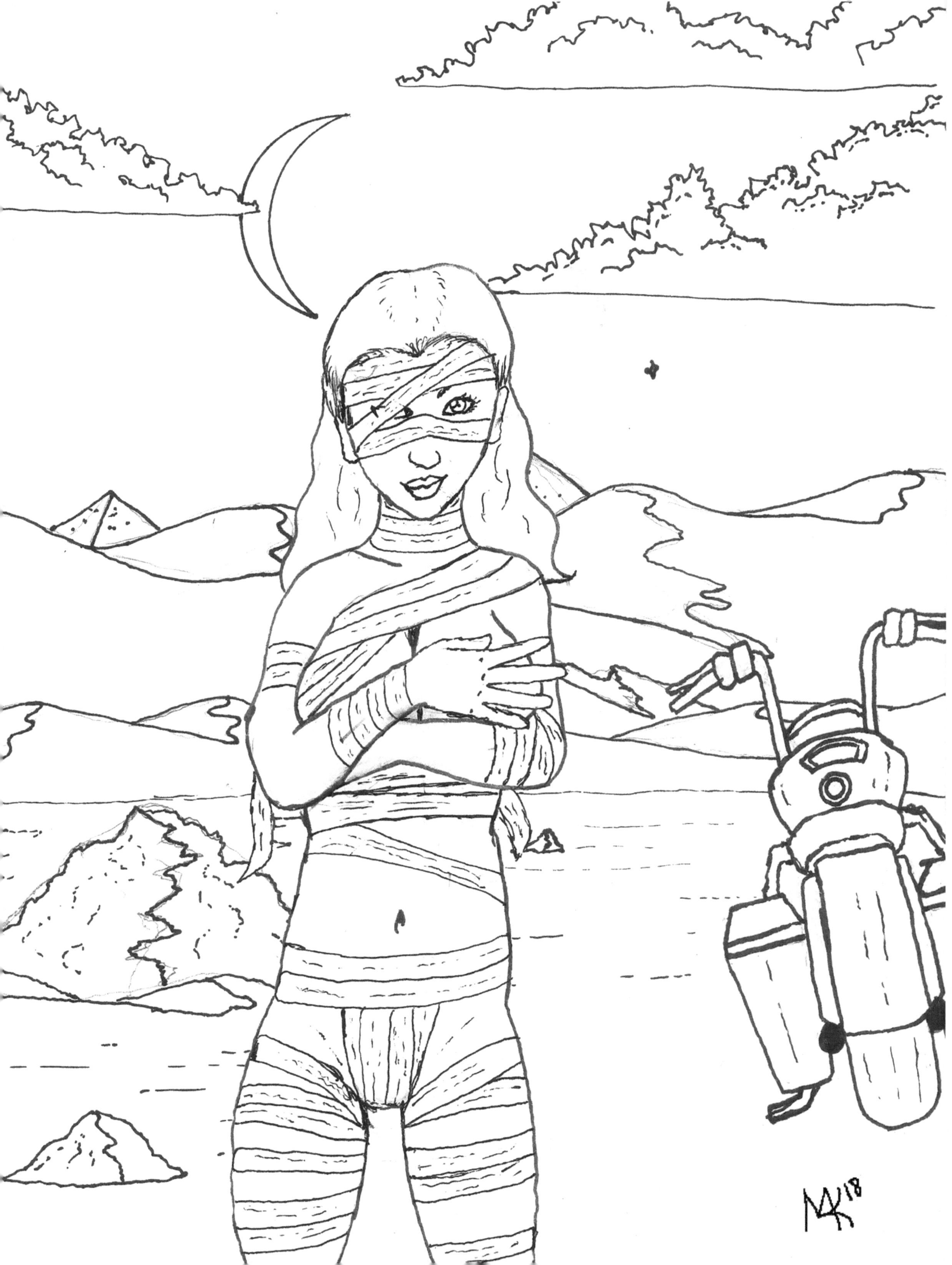

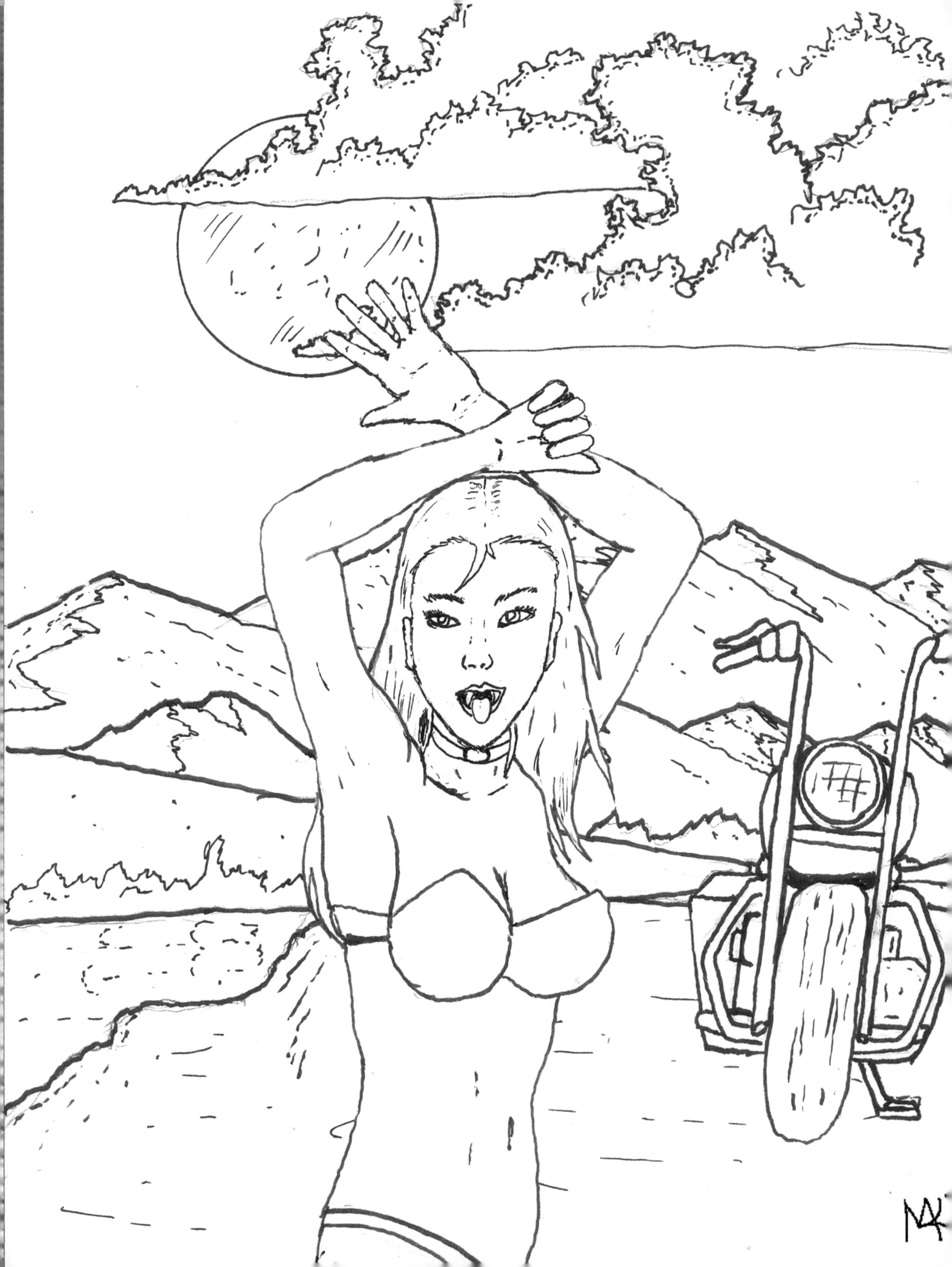

DEAD TIRED

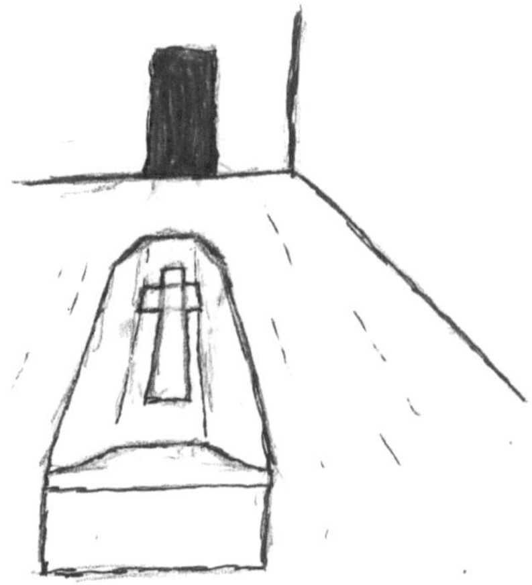

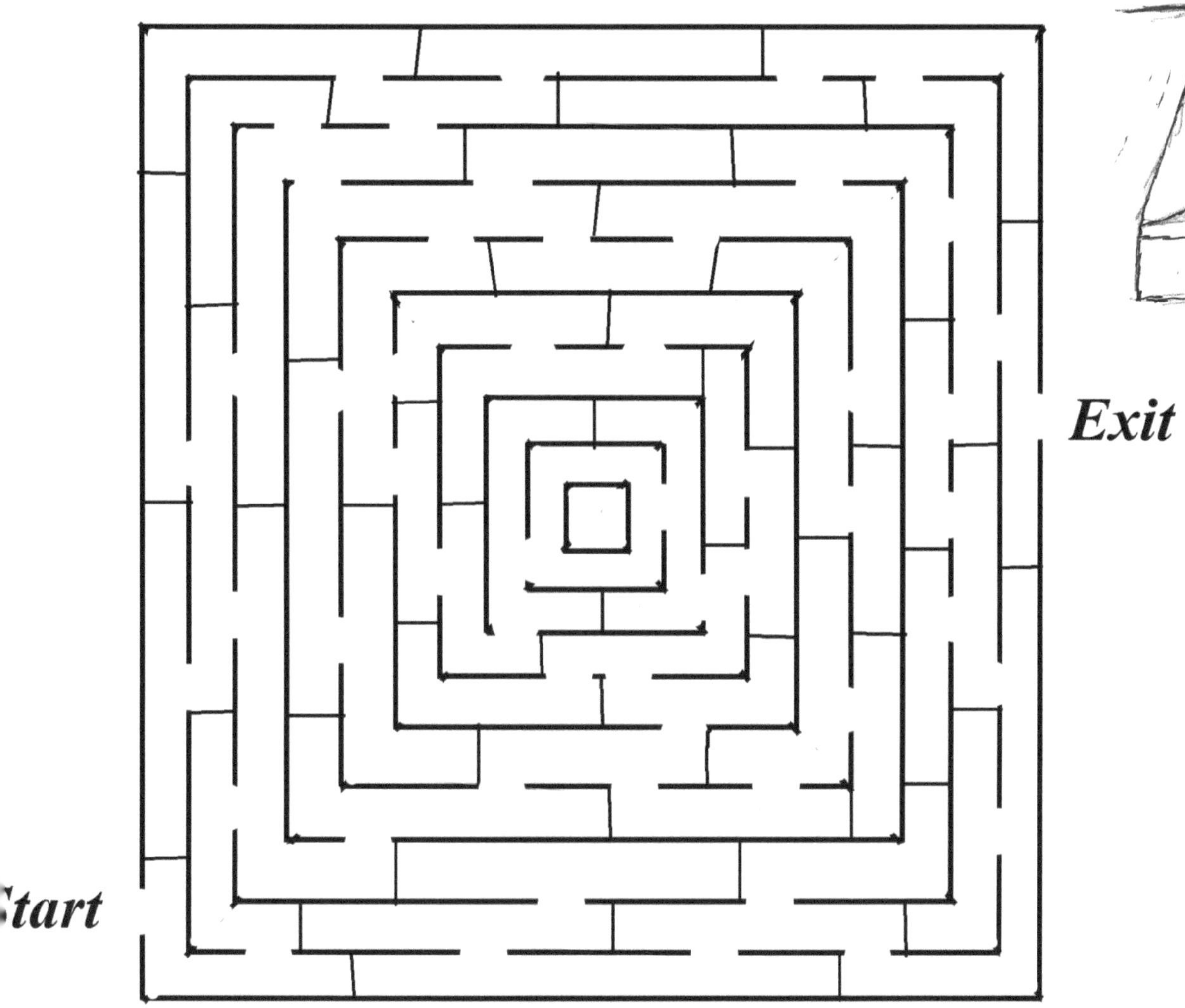

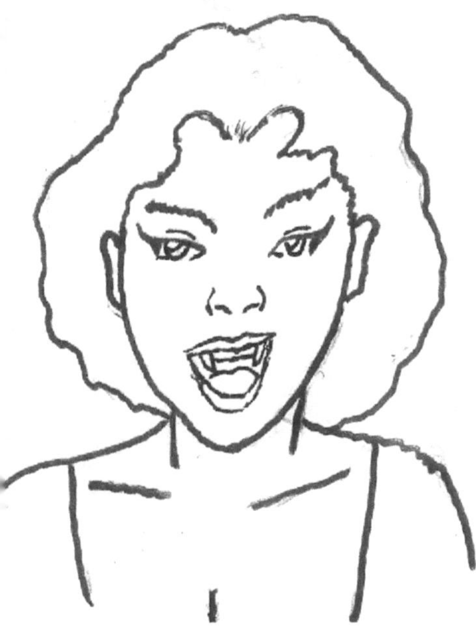

Help the Vampire find her way back to her coffin

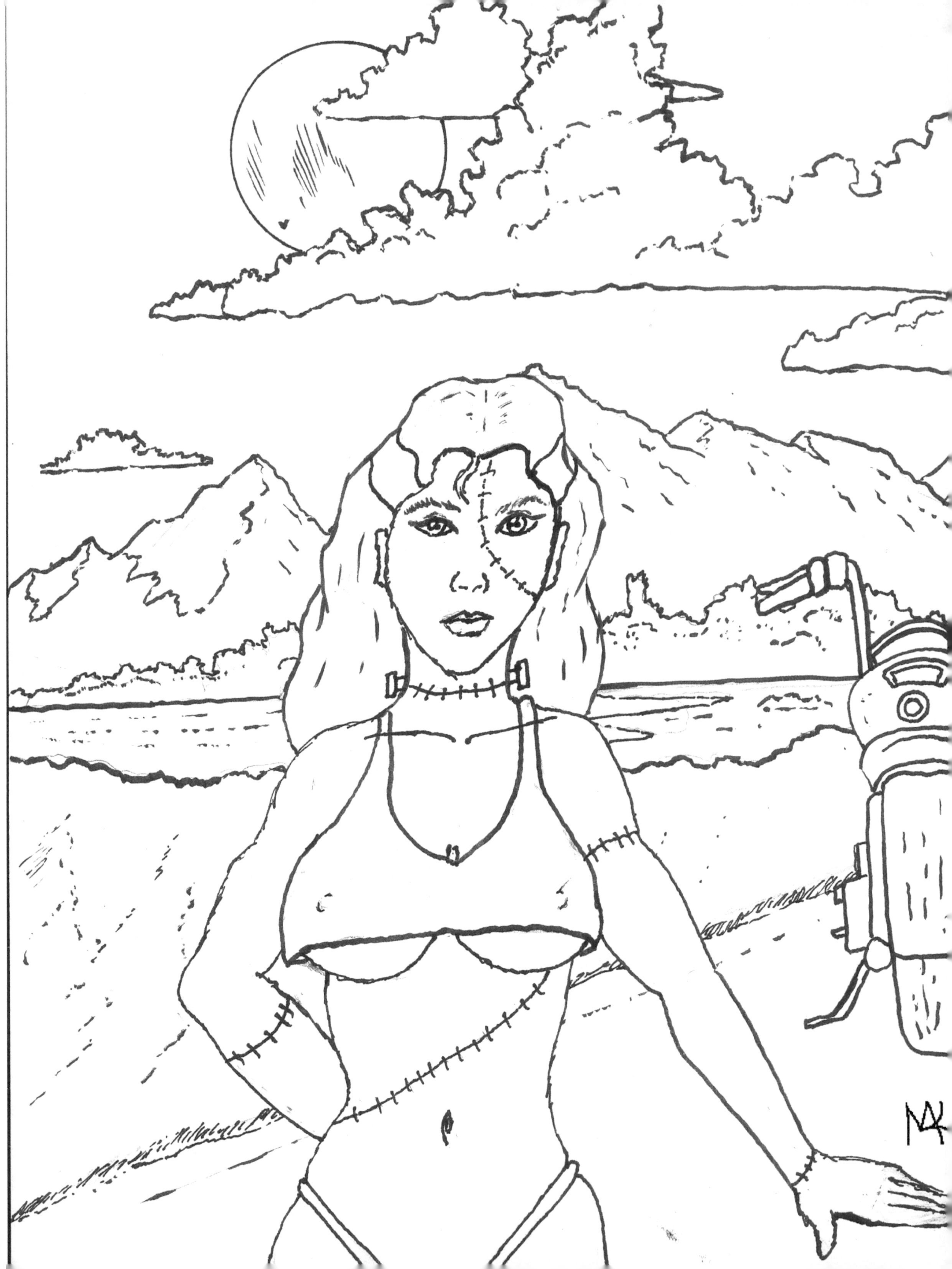

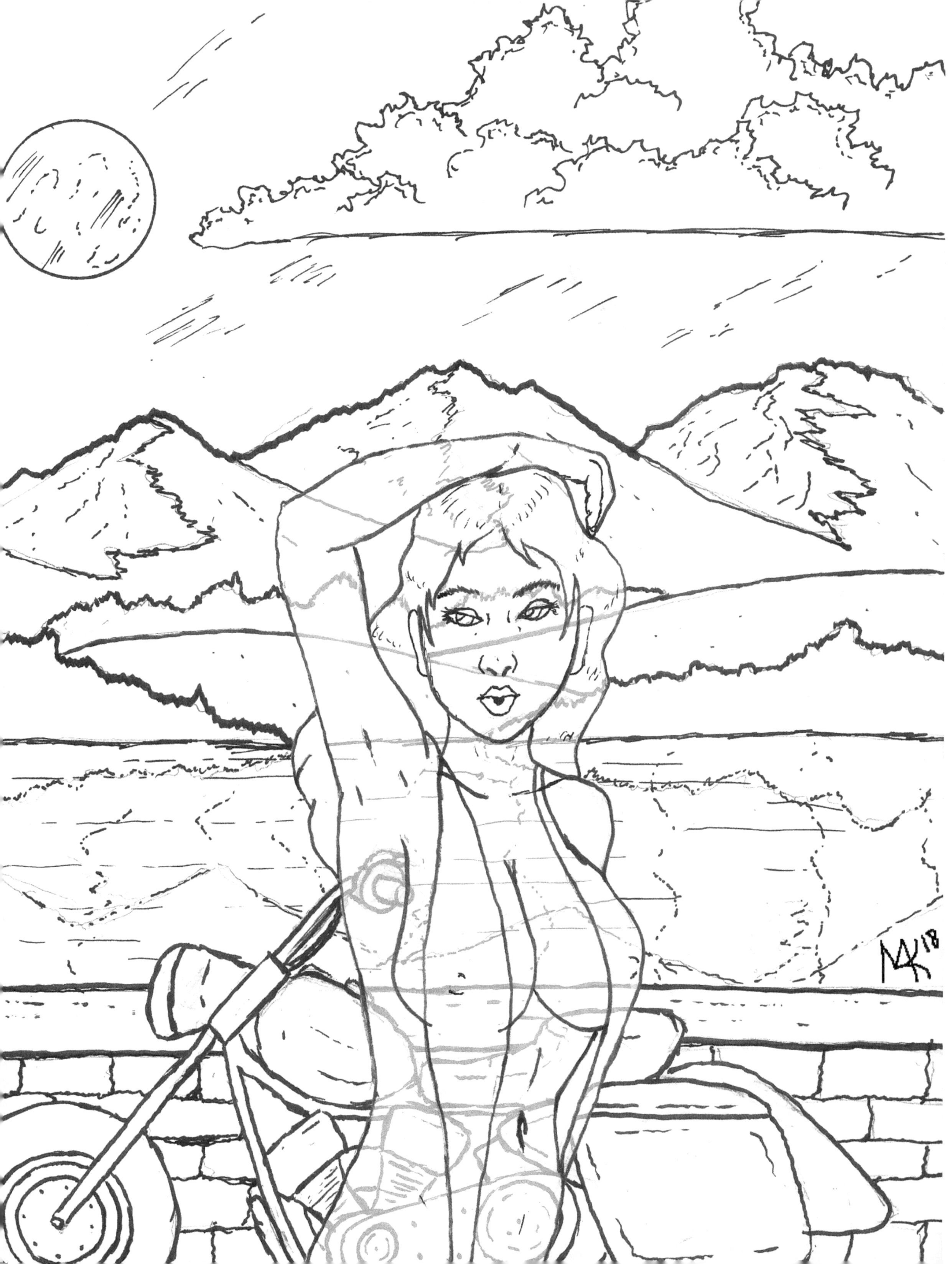

Word Scramble!

"What do you say
to a female ghost?

SGTHOS

SLIGBON

PRIVAME

ZIEMBOS

FROWLEEN

BSTA

"Show me your... ▢▢▢–▢▢▢▢▢!"

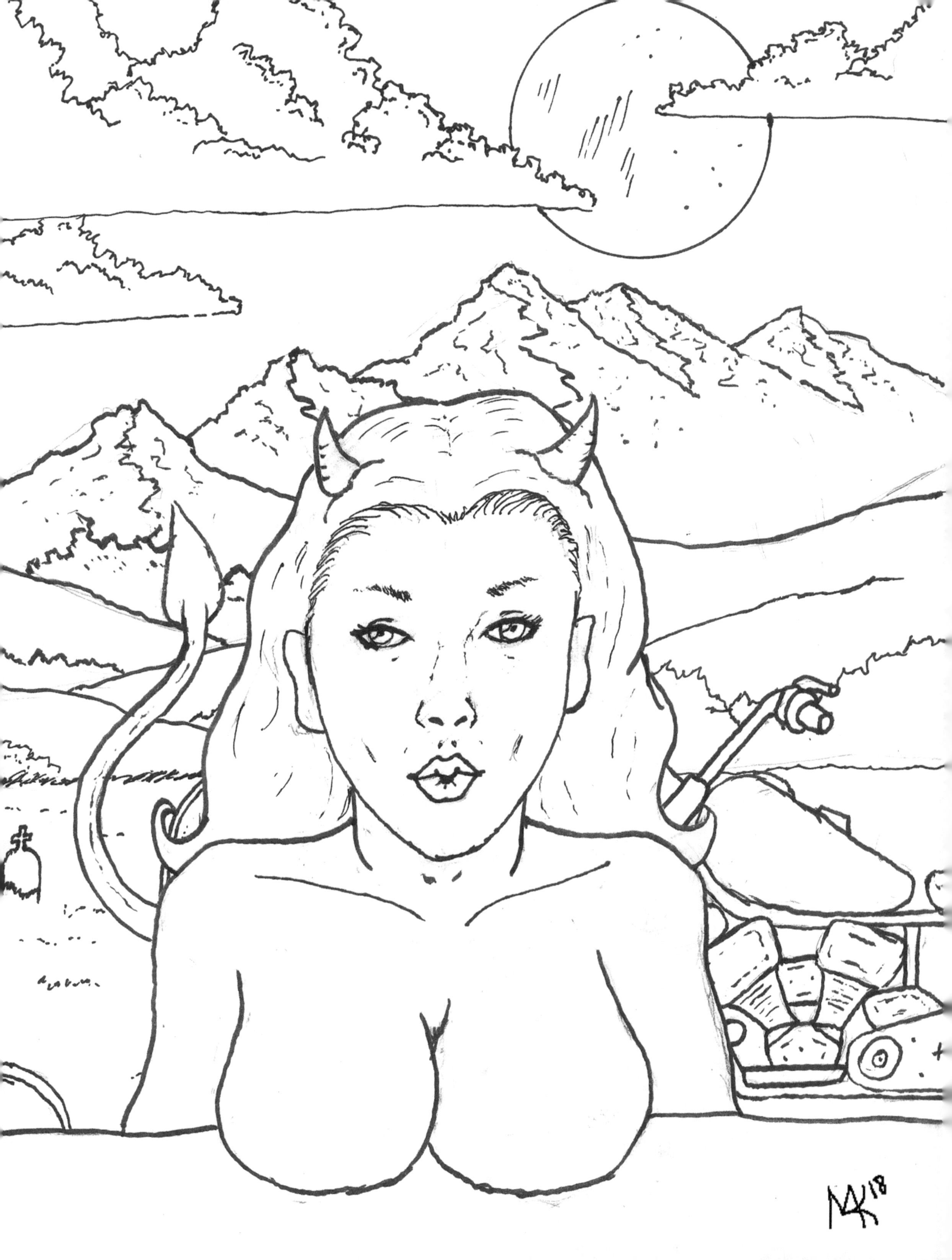

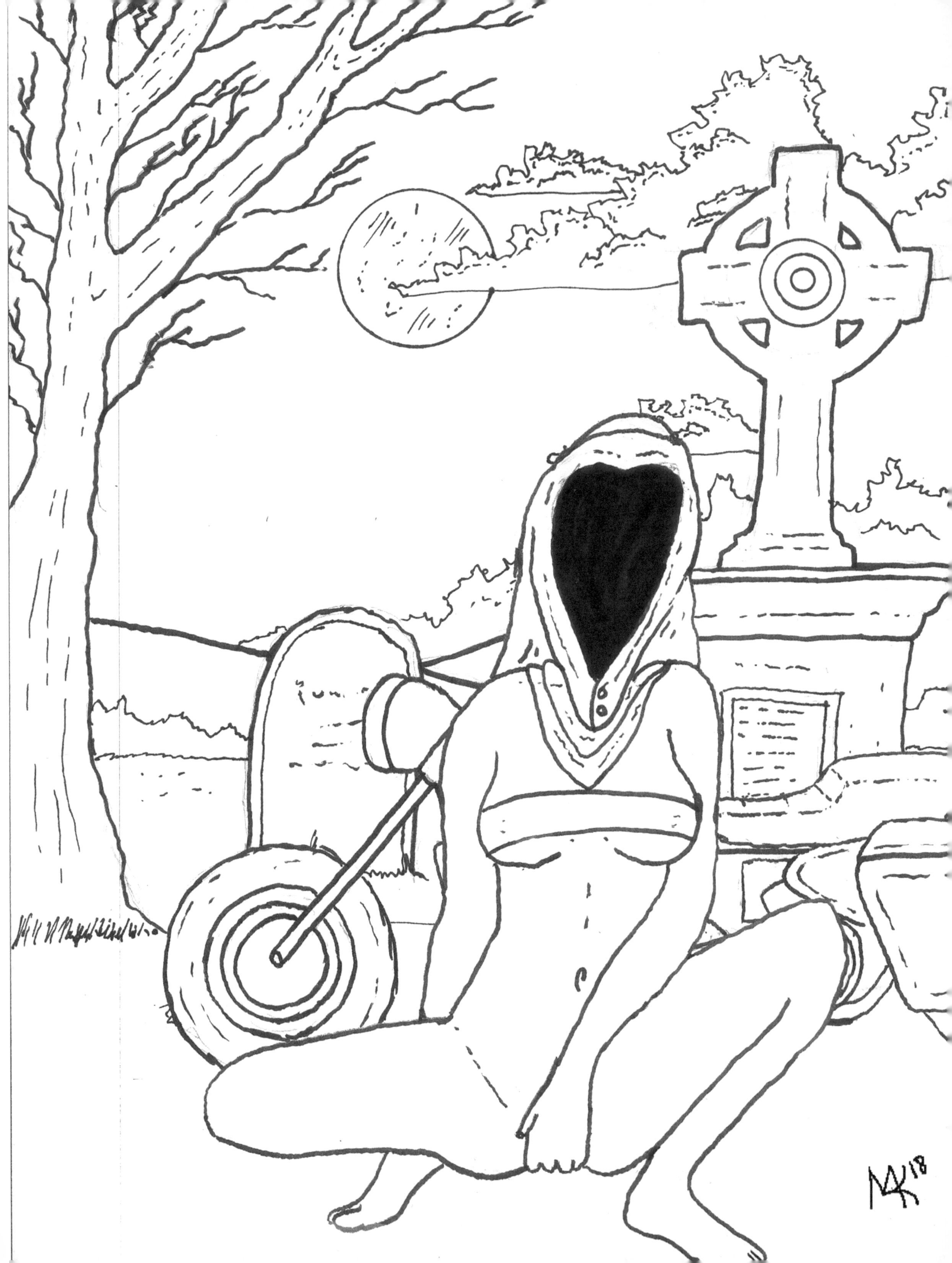

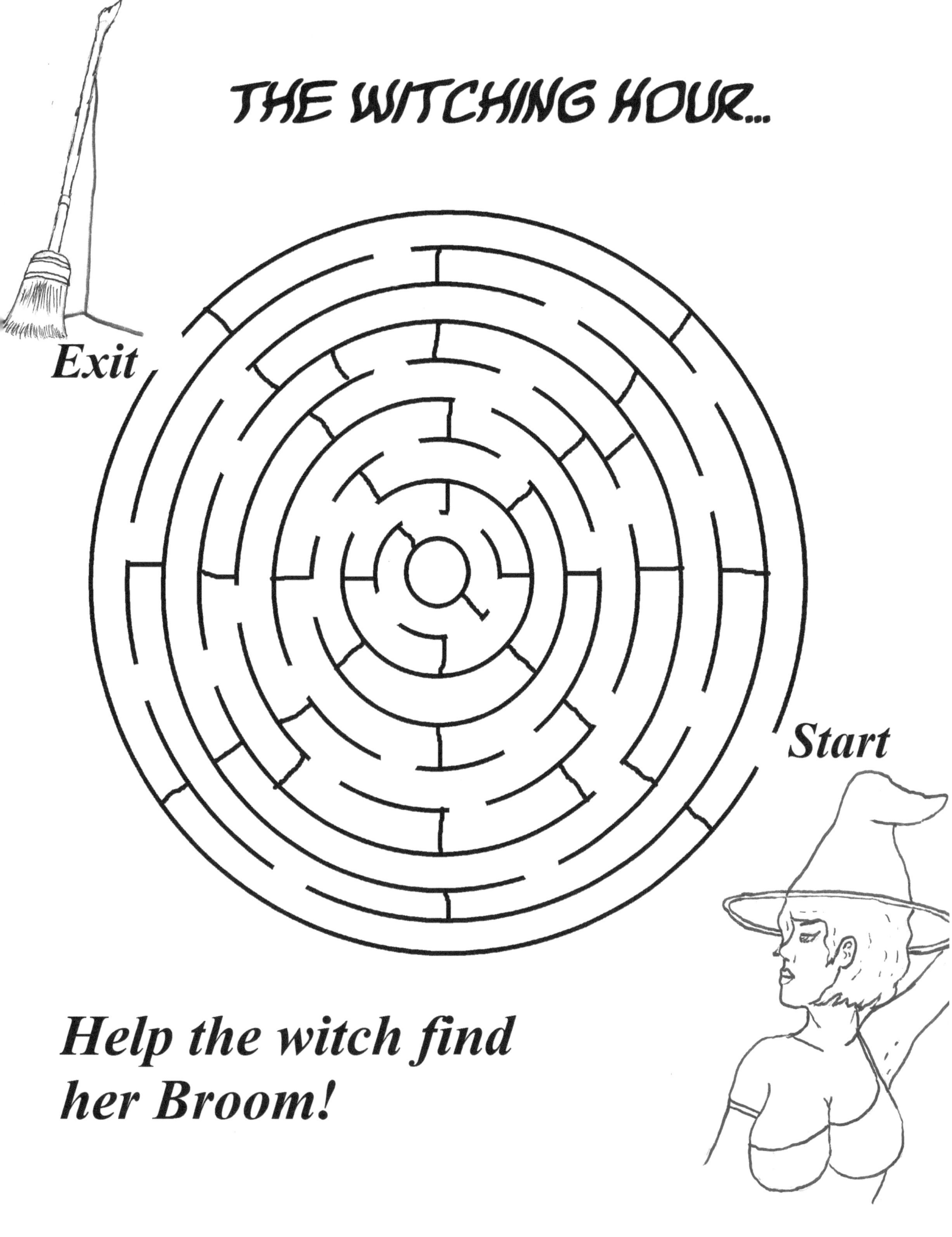

THE WITCHING HOUR...
Exit
Start
Help the witch find her Broom!

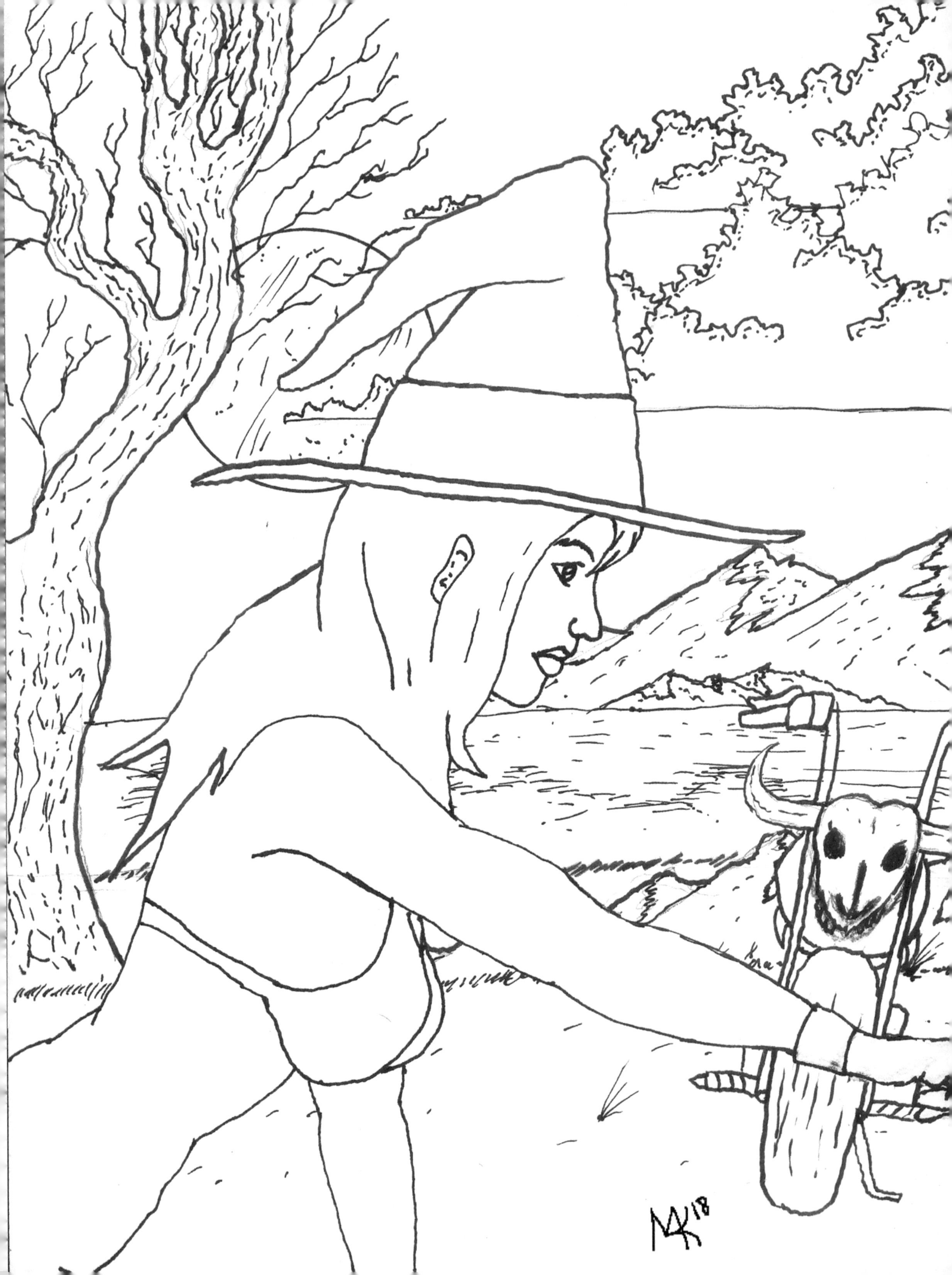

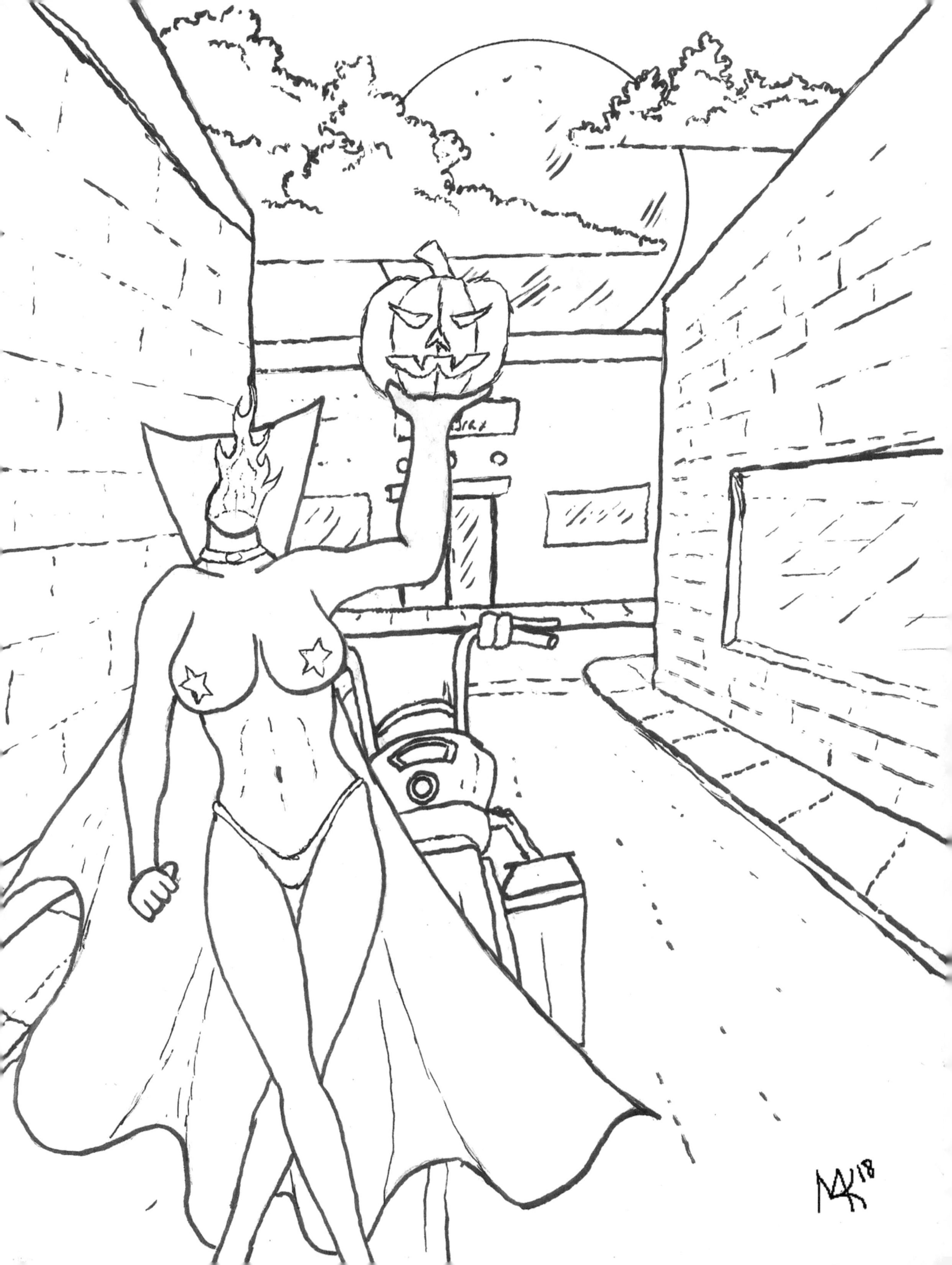

CREATURES GALORE!

```
O G S L U O H G Y Z B D E V I L S
N N O U H W E R E W O L F E T O A
O D S J W A R L O C K S D V I Y L
H Y M T R E Z G R E P A E R T M I
C S T E X U O O P X H K W M J J E
T K V R D B R R A S N G V J U V N
A E J O L U E E H S N A B Z H A Q
U O O I L U S I R X Q Y I O S M E
Q L N A H O M A O Y K D P M T P Z
S S P O L T E R G E I S T B R I F
A W W J K I V X N E M P K I E R P
S S K E L E T O N T H W V E Z E A
W B G G H O S T S U Y E N S Q G M
D L Z I K T S E H C T I W Z H B V
H O G I Y U C B Y U K I J F Q T V
Q B V Y F R A N K E N S T E I N X
U R D N Z H G R L L O R T F O E Q
```

alien	goblins	troll
banshee	medusa	vampire
blob	poltergeist	warlocks
devils	reaper	werewolf
frankenstein	sasquatch	witches
ghosts	shade	zombies
ghouls	skeleton	

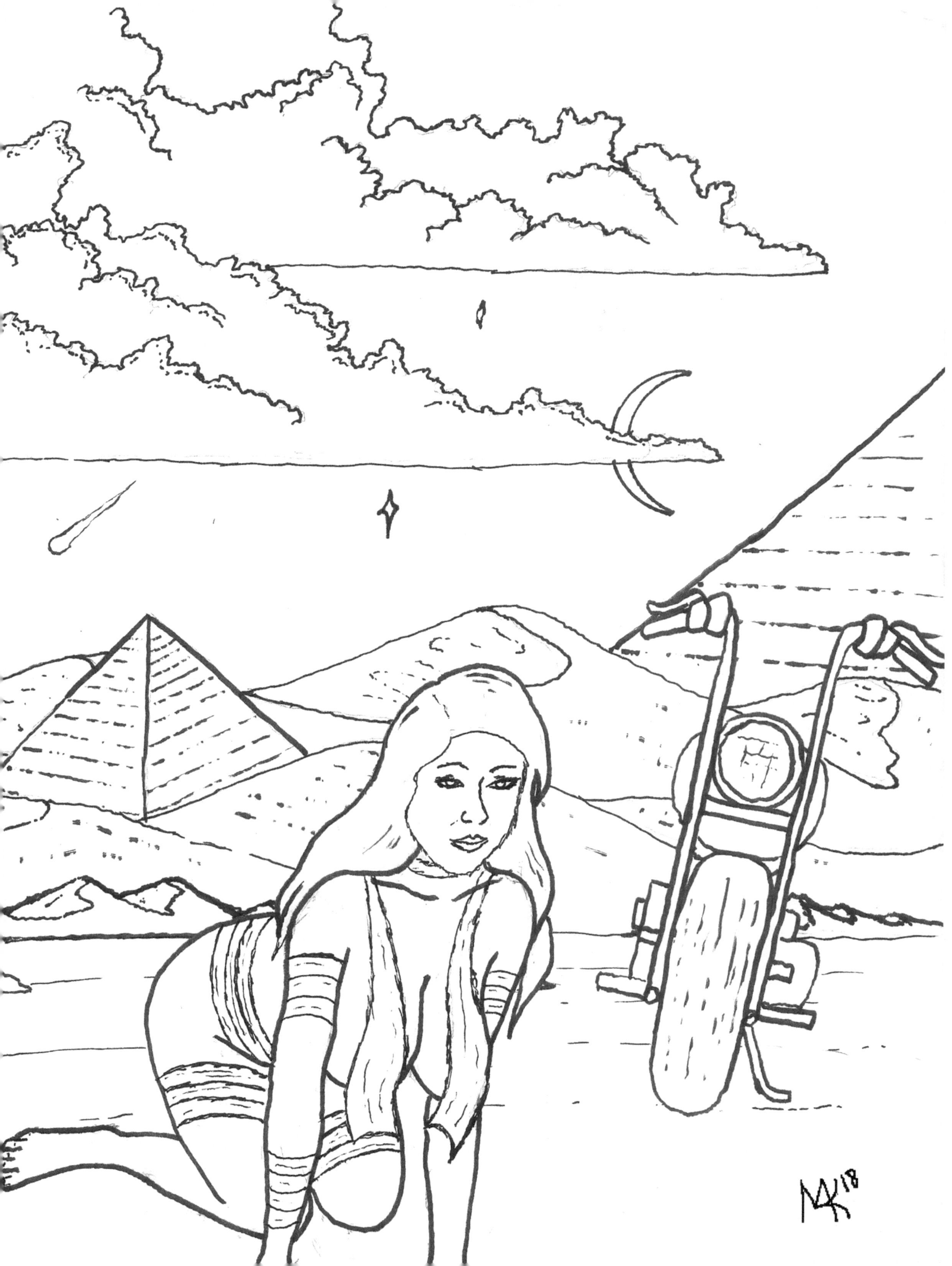

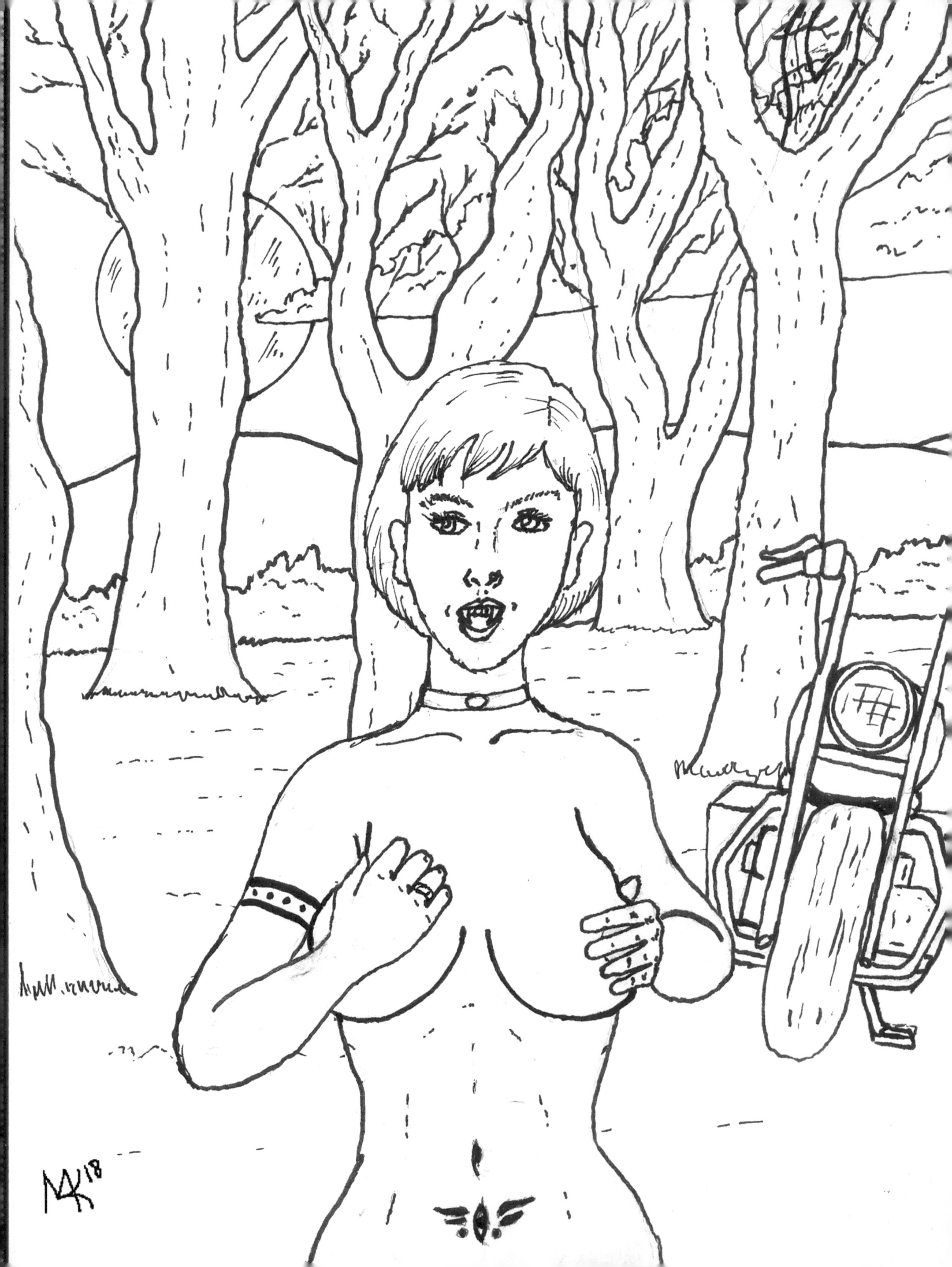

The Cutting Edge...

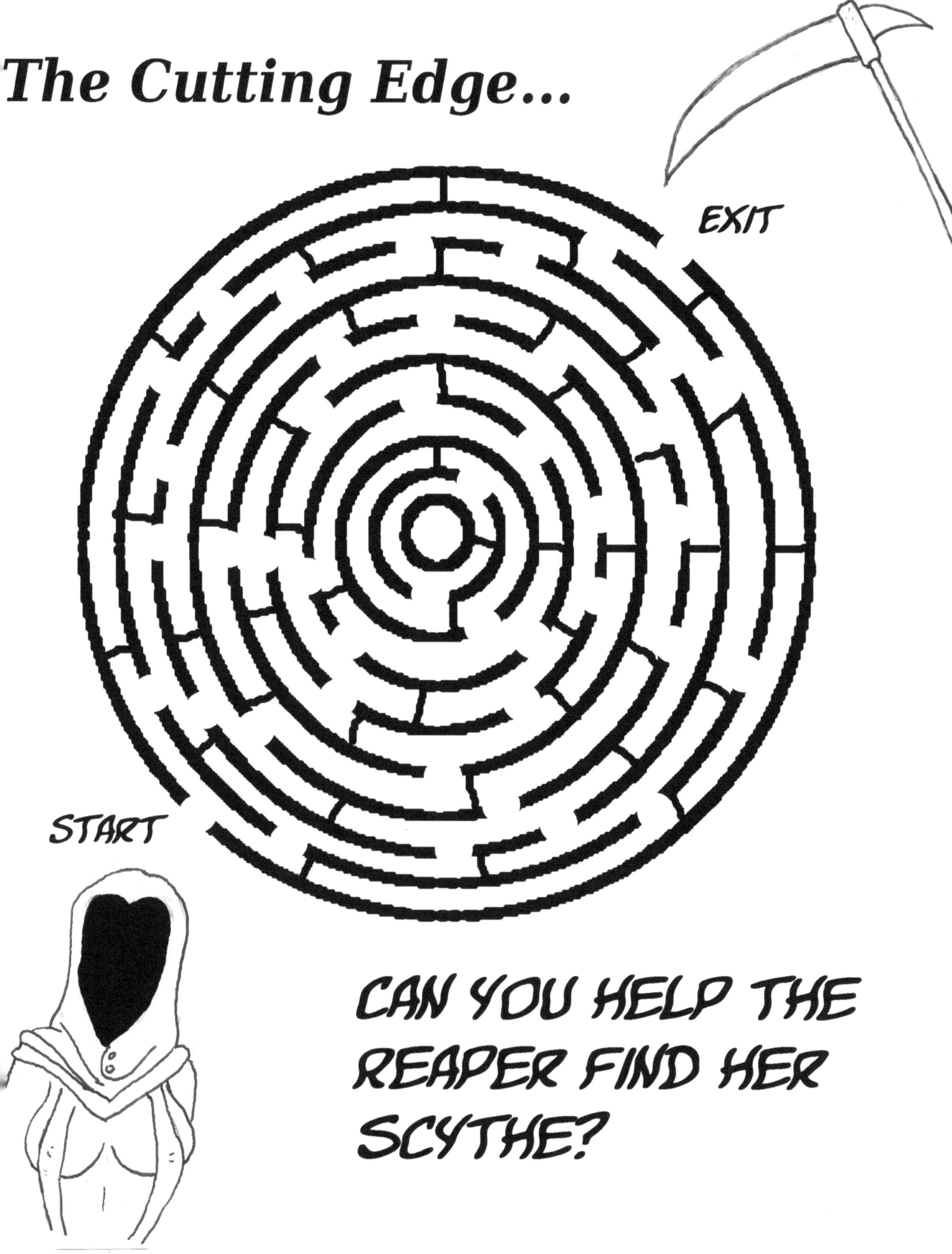

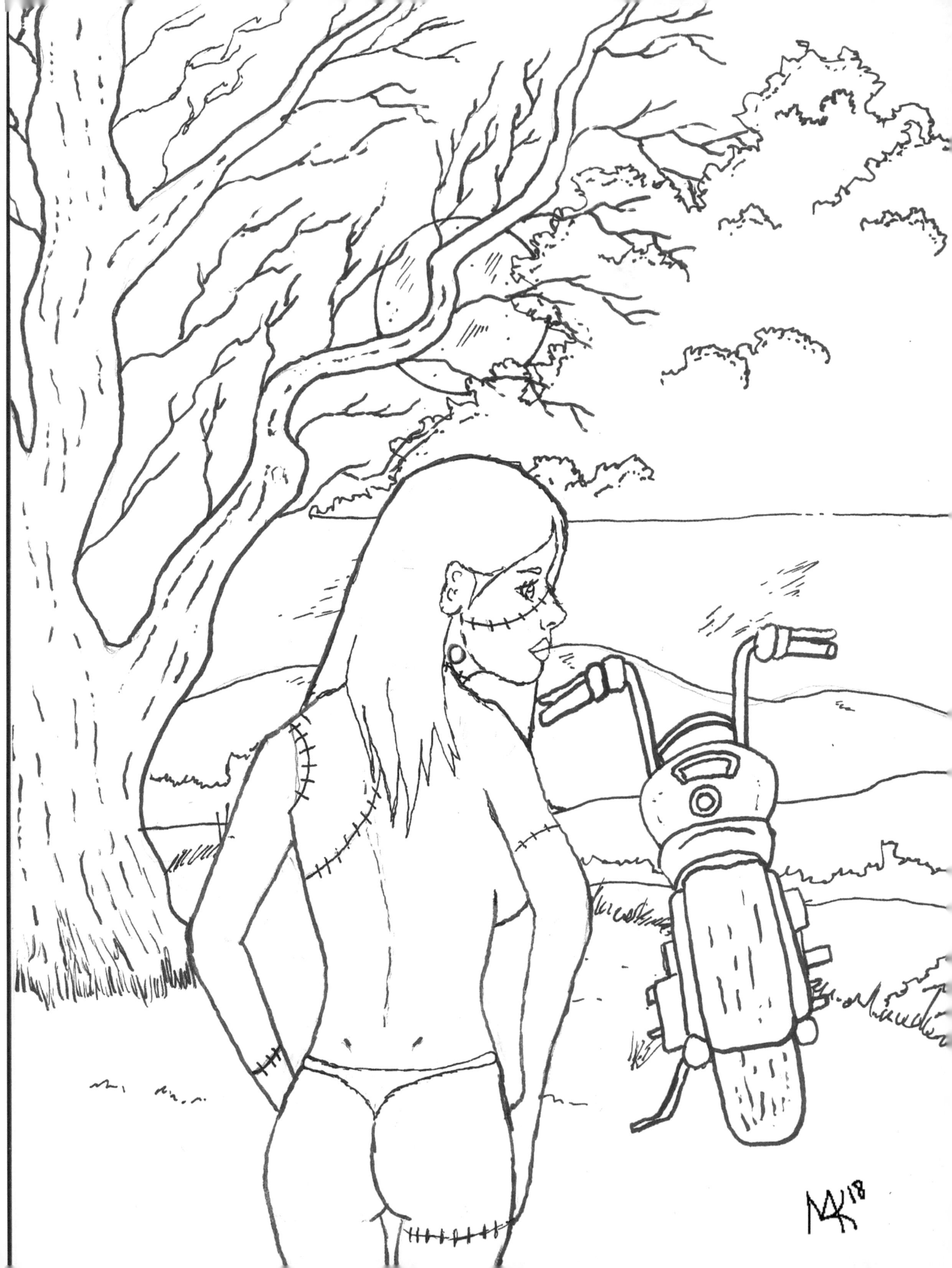

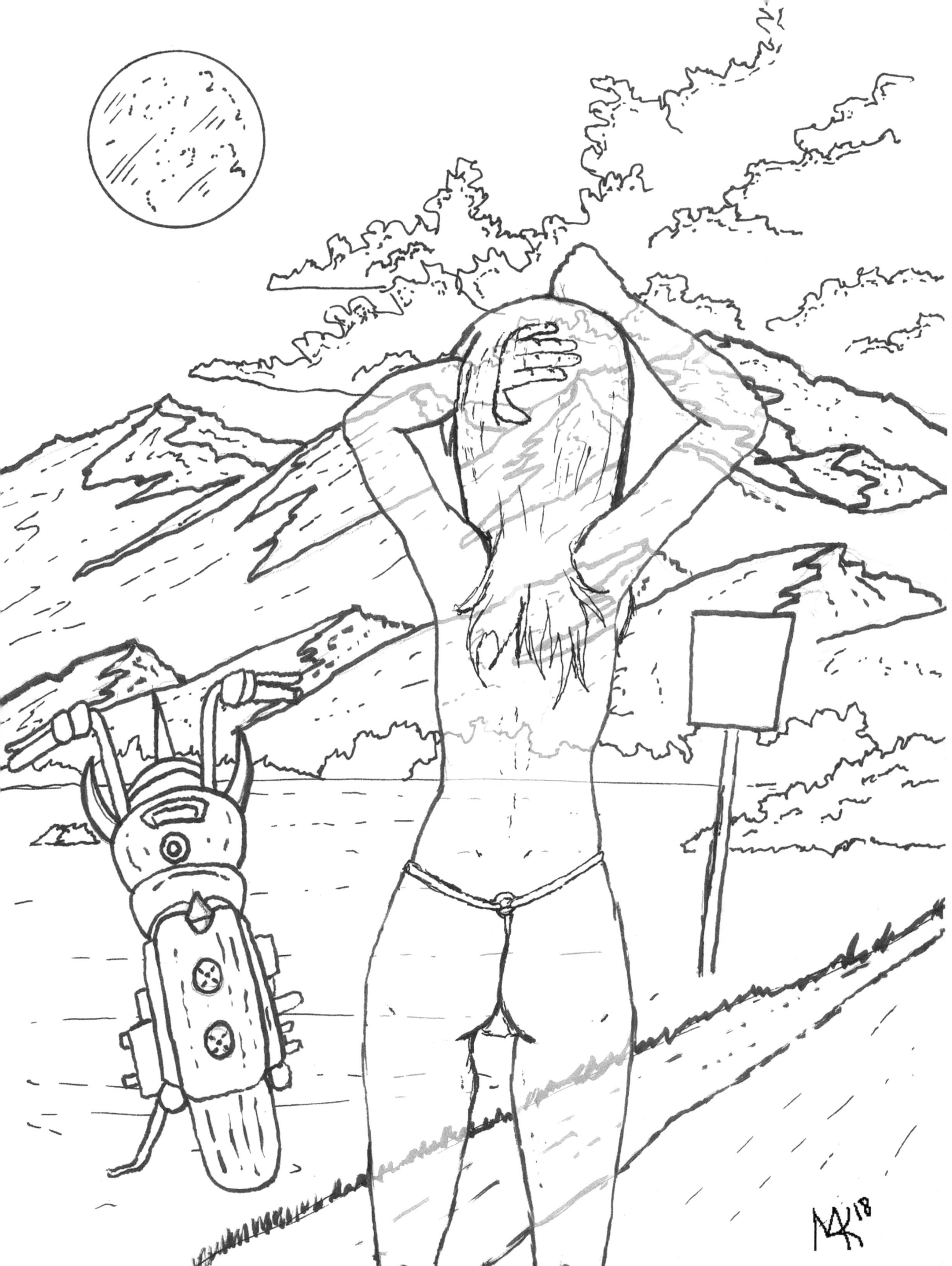

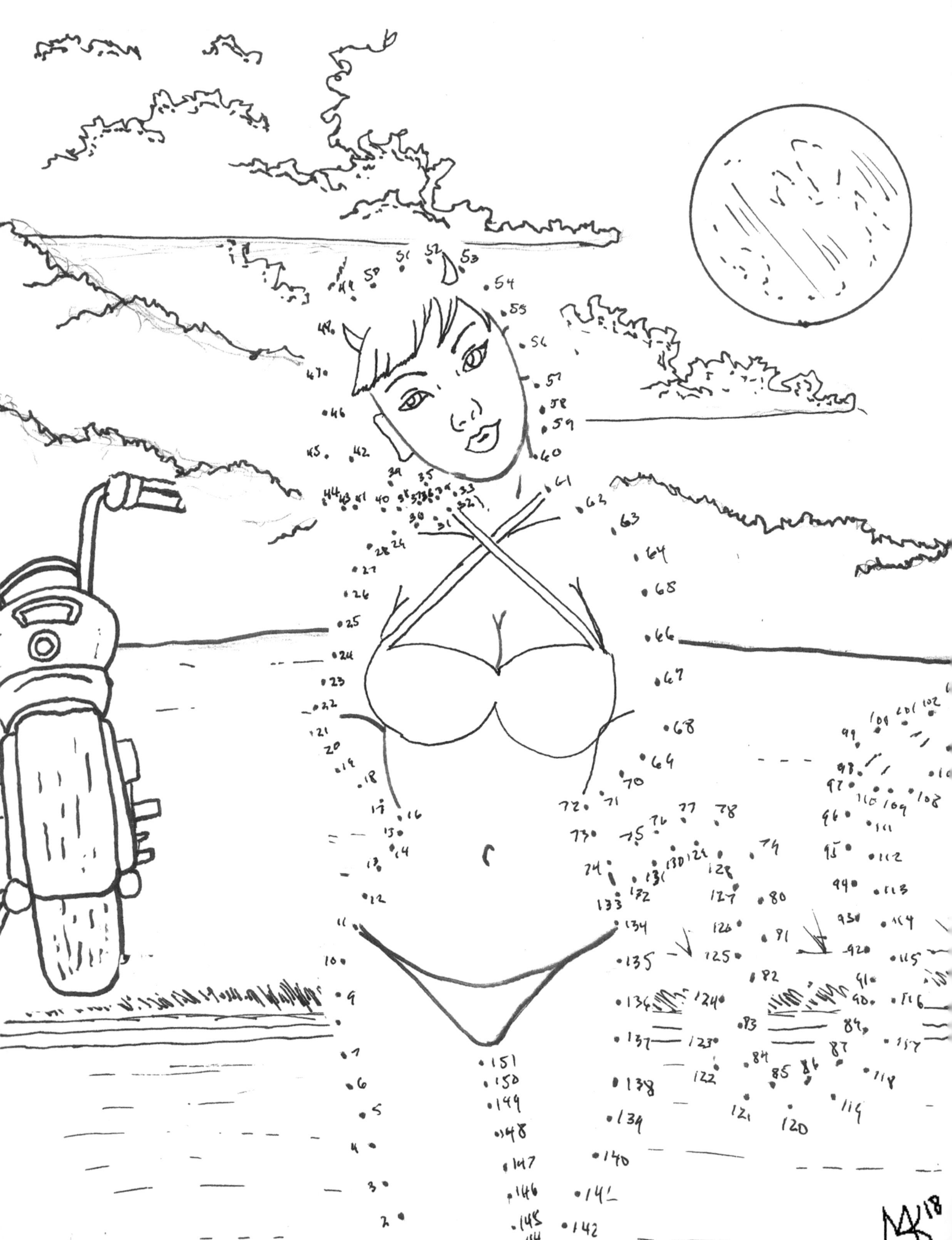

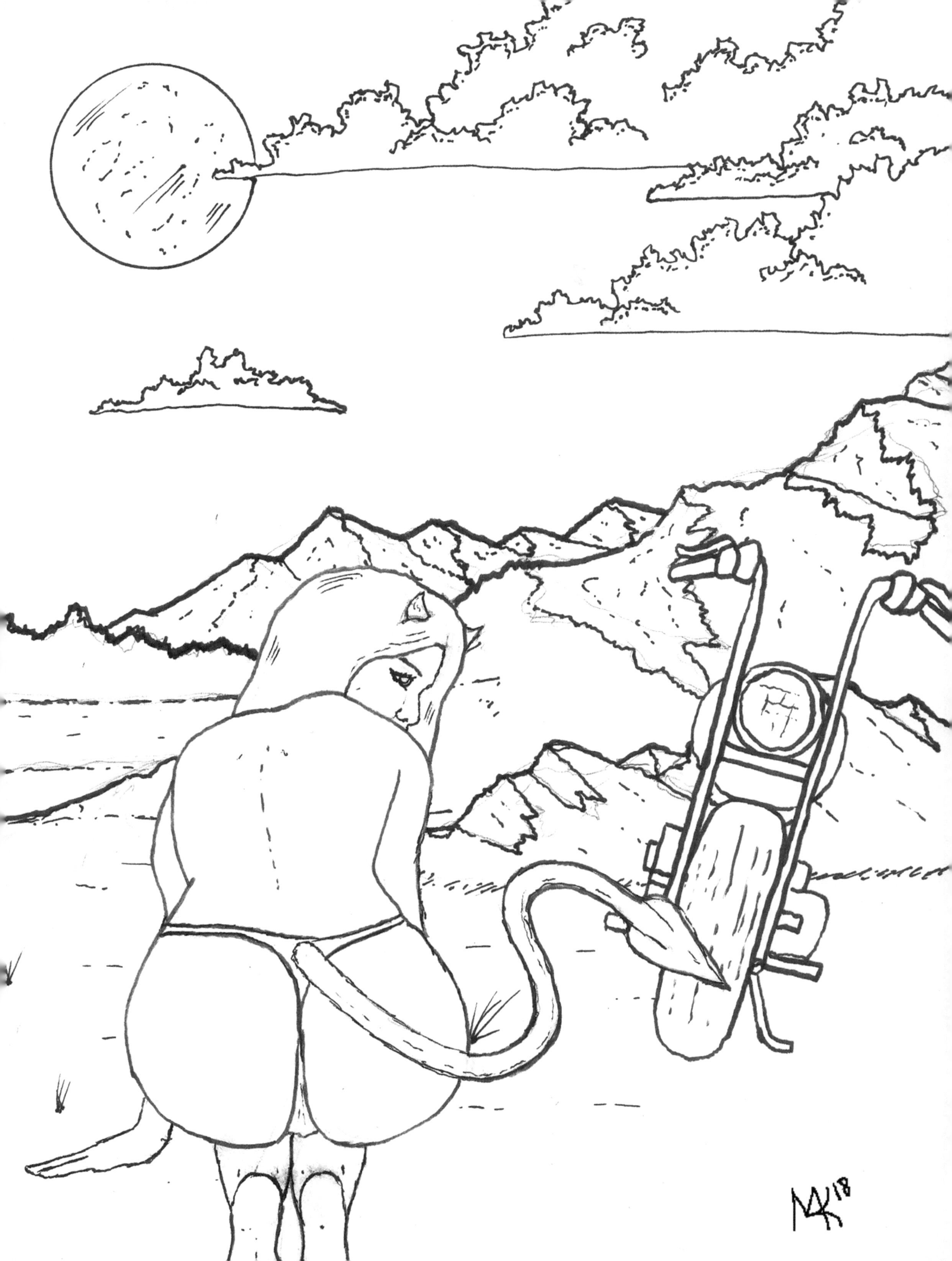

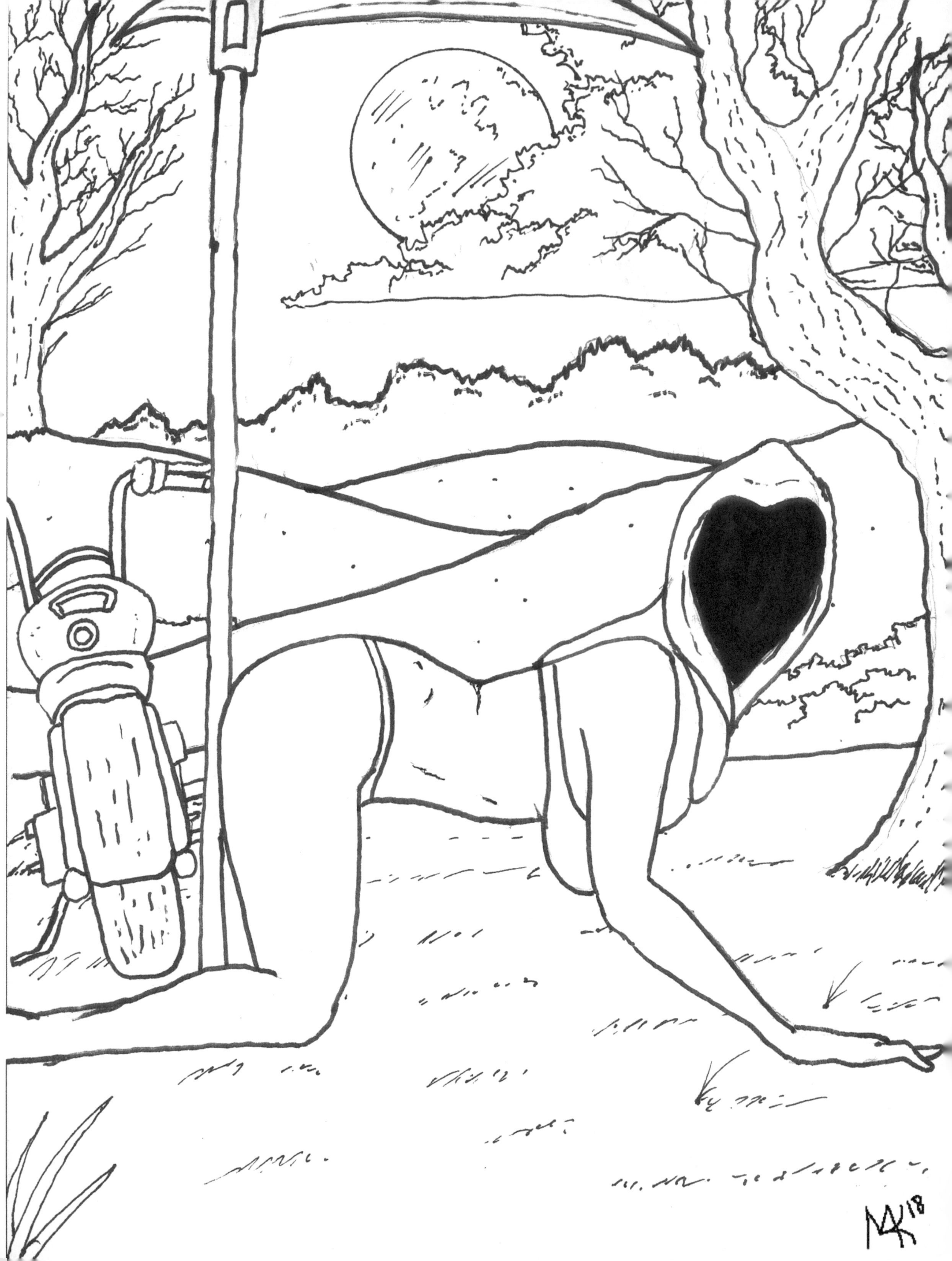

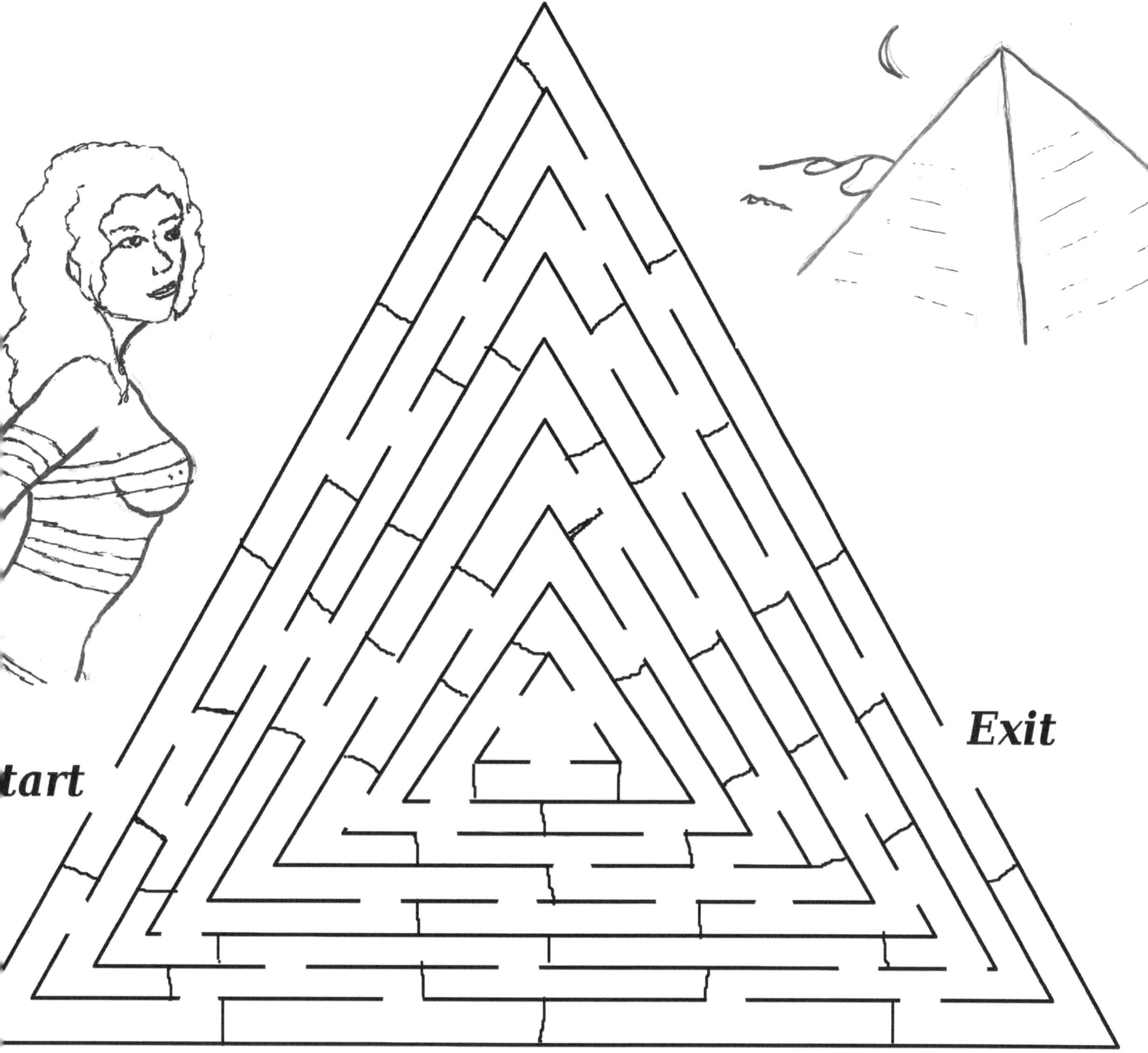

WHO'S YOUR MUMMY?

Can you Help The Mummy Find her way back to her Pyramid?

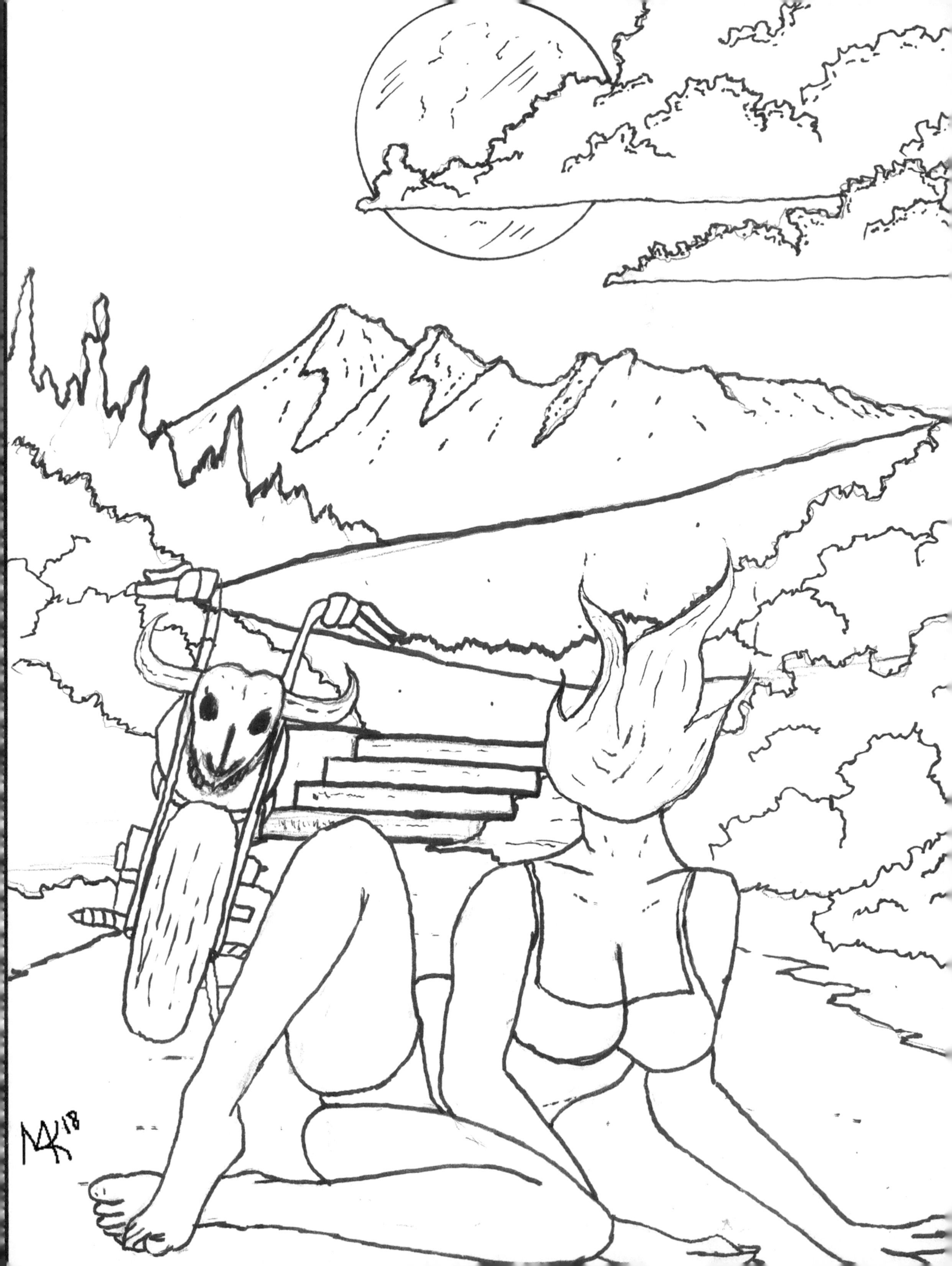

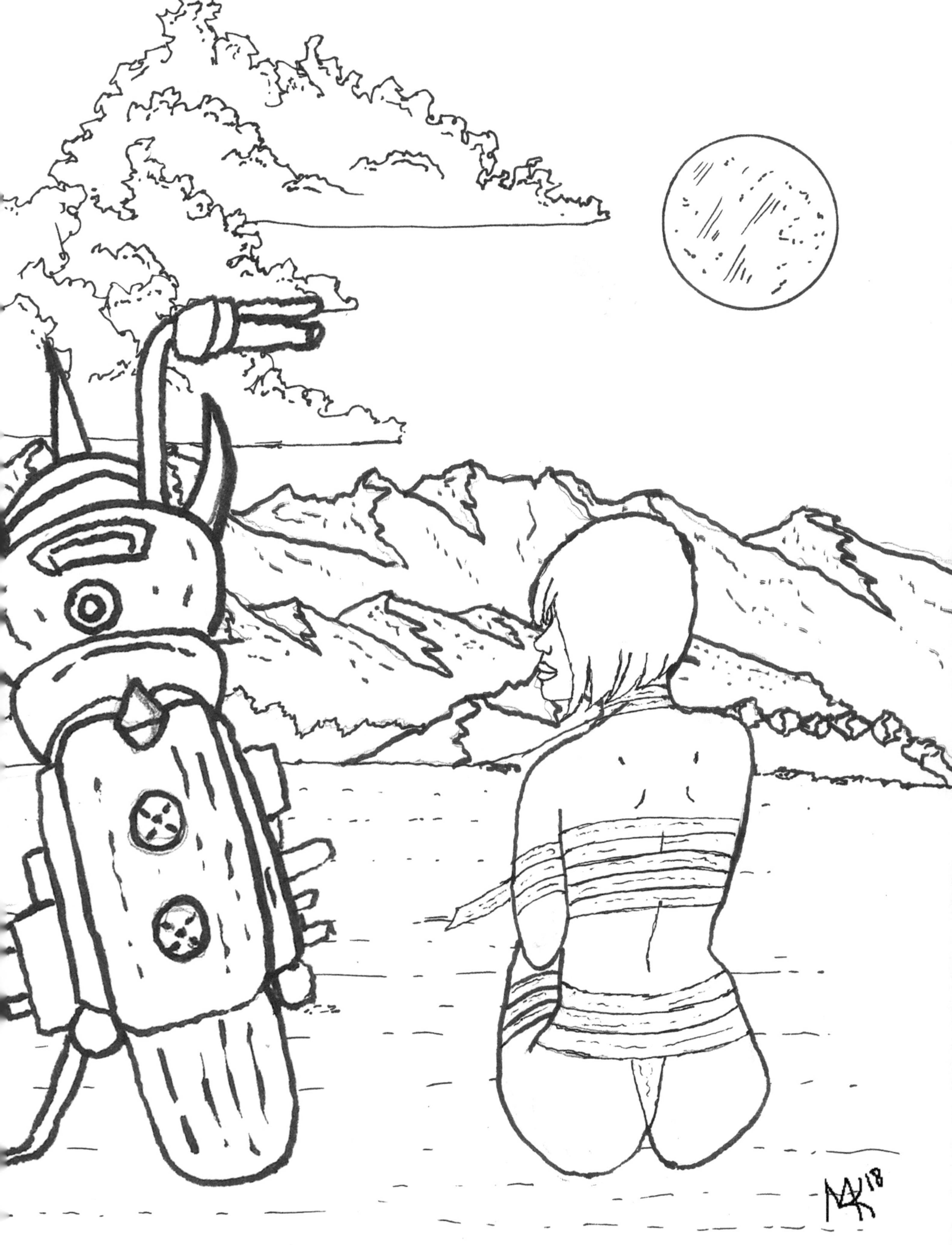

Another Wonderful Word Scramble!

"What does a vampire never order at a restaurant?"

VIDEL

ERAREP

ITWCH

KENFRANNEITS

MIUMEMS

"A ⬜⬜⬜⬜⬜!"

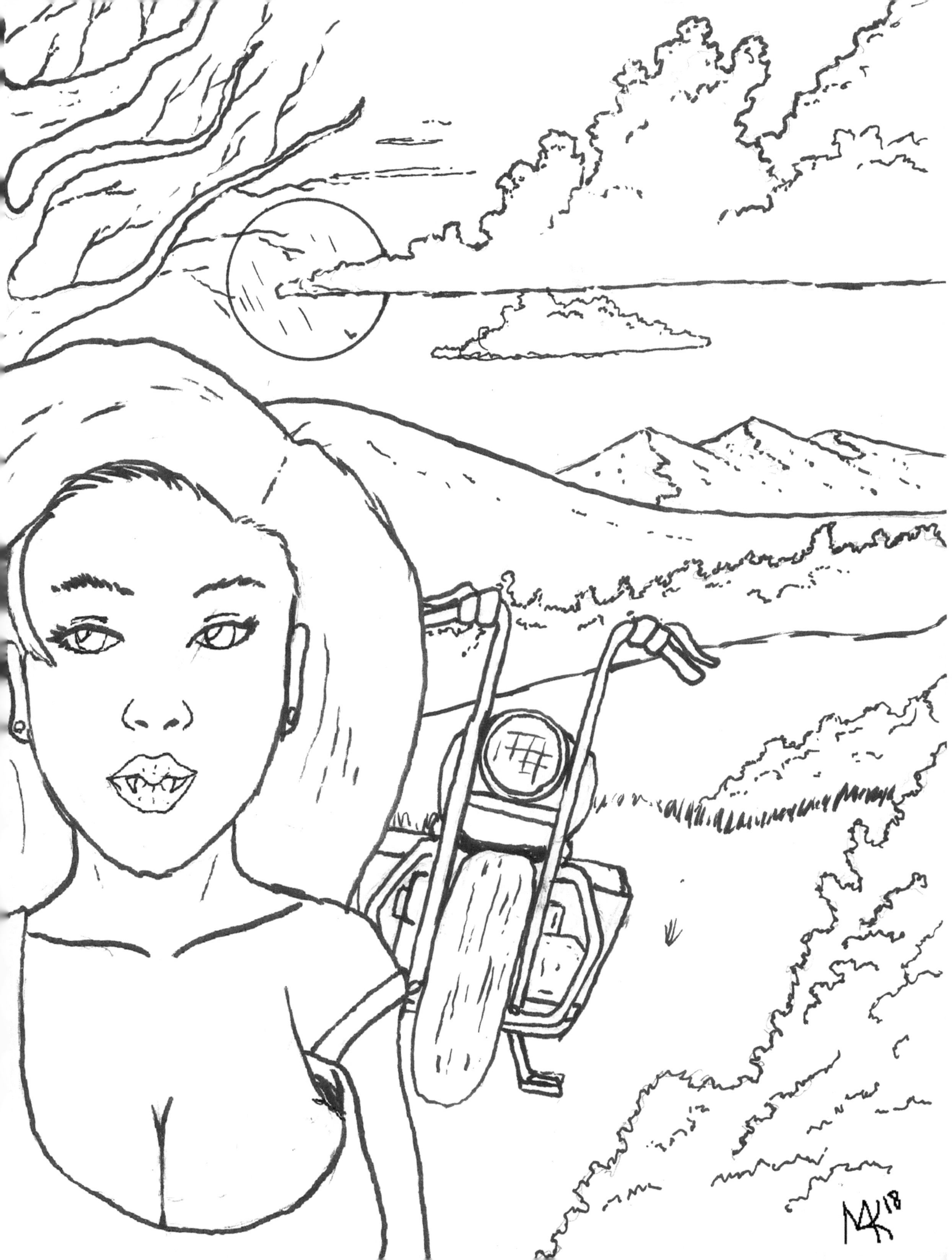

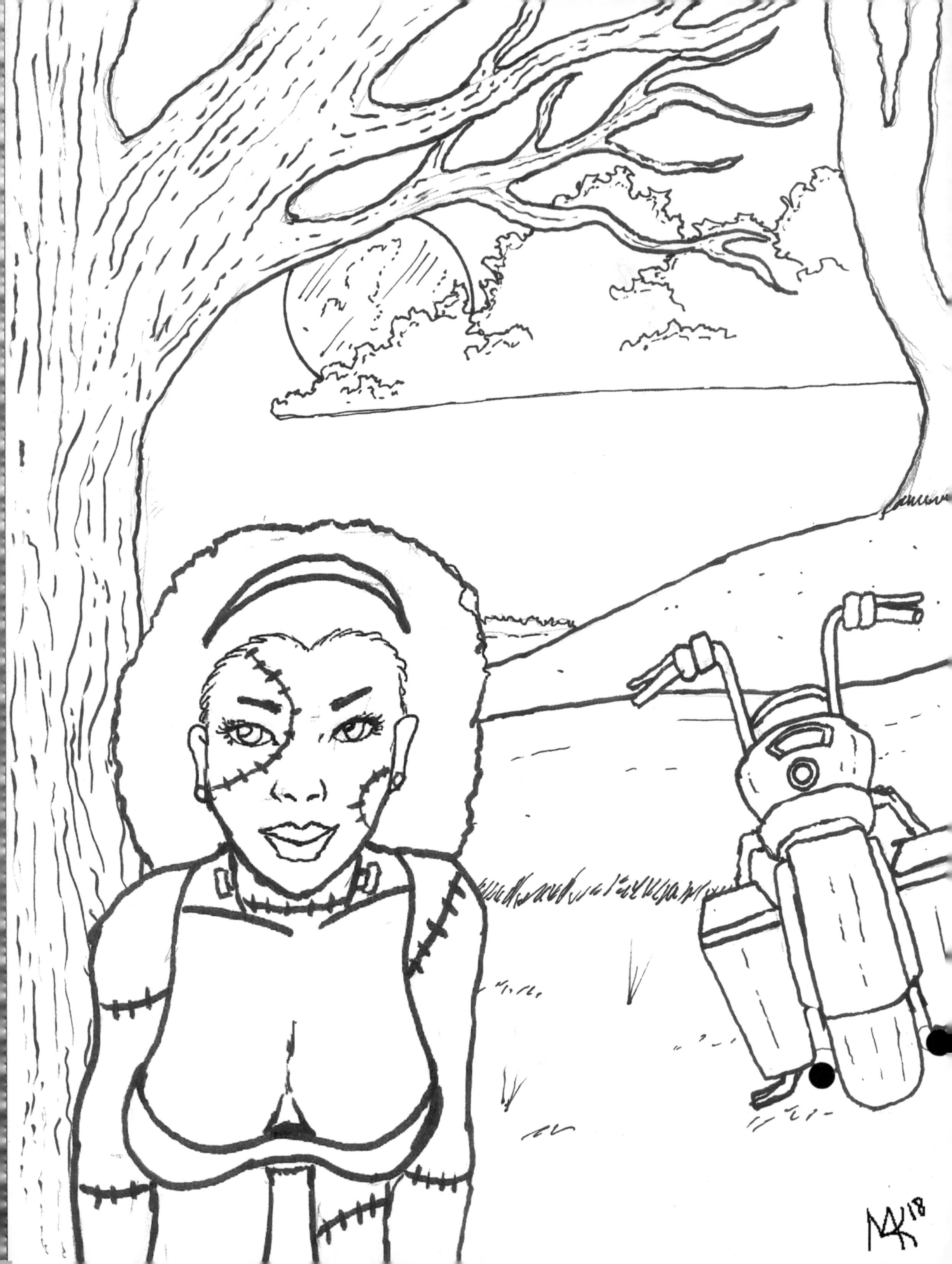

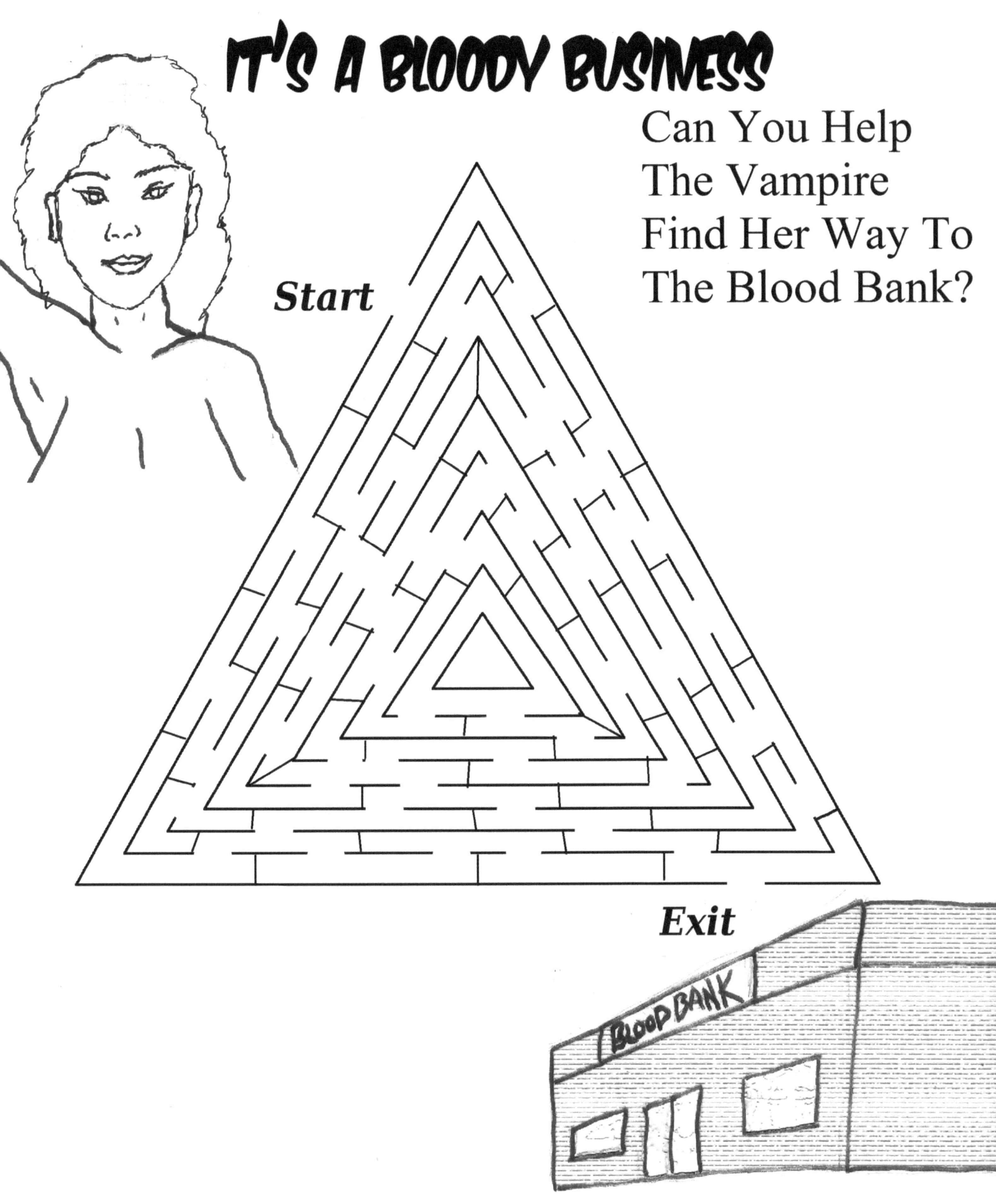
IT'S A BLOODY BUSINESS
Can You Help
The Vampire
Find Her Way To
The Blood Bank?
Start
Exit
BLOOD BANK

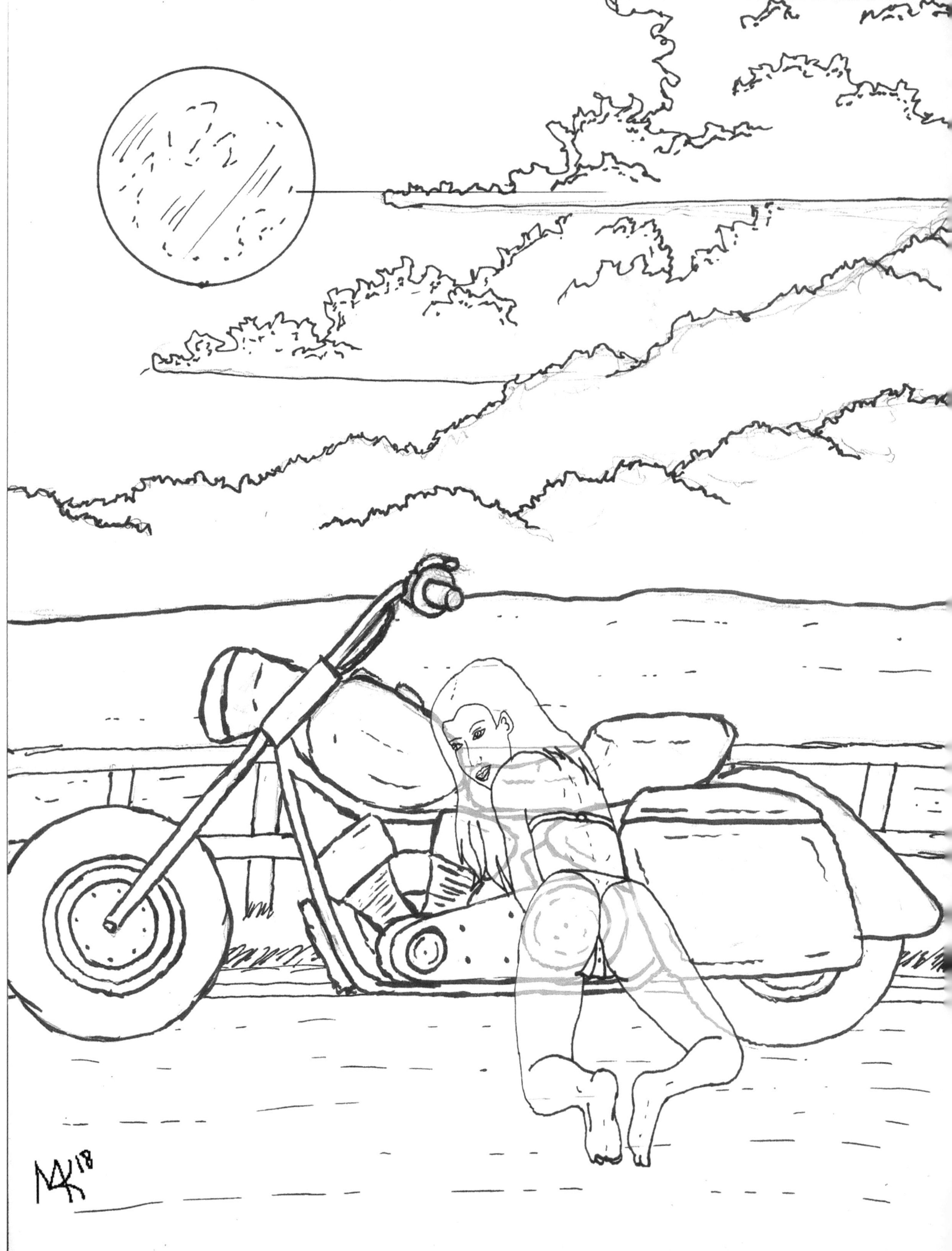

Random Halloween Fun!

```
W  K  O  U  T  Q  B  H  C  G  M  F  Q  Y  C  Q
I  S  J  I  I  A  L  F  B  C  T  P  Y  G  E  L
Q  U  Y  A  U  C  O  N  G  N  I  L  W  O  H  I
U  K  D  L  M  T  O  C  Z  Q  F  V  M  L  G  R
P  L  N  O  C  S  D  V  G  Y  X  S  B  L  V  L
Q  U  A  P  U  M  P  K  I  N  S  N  Y  Y  L  J
D  O  C  P  F  A  N  G  S  T  E  R  Z  S  S  T
M  C  S  N  I  A  R  B  J  R  N  O  F  Q  C  R
Z  B  I  K  G  F  Q  R  Y  I  O  H  B  M  I  E
F  Q  S  R  X  G  R  S  F  C  B  B  E  O  W  A
B  E  E  V  T  V  A  F  D  K  C  O  H  O  A  T
T  C  R  Q  N  C  Q  R  S  Y  O  T  R  X  S
V  A  A  E  Y  O  E  N  L  L  N  S  Y  B  B  W
S  Q  C  Q  U  G  O  L  X  I  I  S  C  Y  H  M
N  B  S  K  A  O  B  M  E  H  C  V  S  Q  S  J
S  C  Y  T  I  N  A  S  N  I  F  H  E  W  W  J
```

blood	electric	moon
bones	evil	pumpkins
boos	fangs	scares
brains	garlic	scythe
broom	horns	treats
candy	howling	tricks
egypt	insanity	

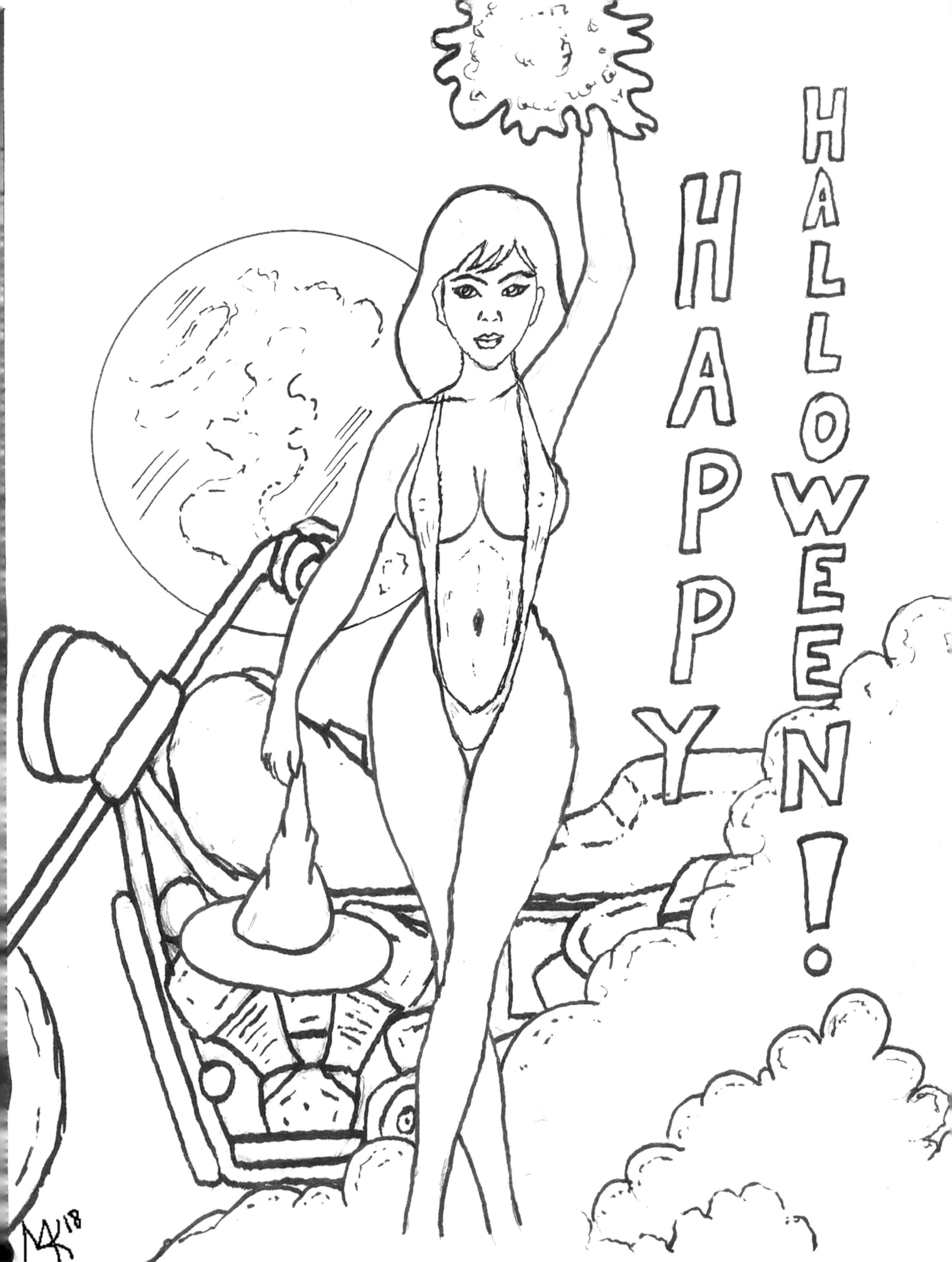

HAPPY
HALLOWEEN!